Herbert Brühwiler
Methoden der ganzheitlichen Jugend- und Erwachsenenbildung

Herbert Brühwiler

Methoden der ganzheitlichen Jugend- und Erwachsenenbildung

2. Auflage

Leske + Budrich, Opladen 1994

Der Autor:
Herbert Brühwiler, Dipl.-Psych., freischaffender Psychologe in den Bereichen Erwachsenenbildung,
Team- und Organisationsentwicklung

Idee: Ruth Jahnke
Layout: Christian E. Müller
Redaktion: Ruth Gresser, Christian E. Müller
Umschlag: Josef Brühwiler

Die Deutsche Bibliothek — CIP-Einheitsaufnahme

Brühwiler, Herbert:
Methoden der ganzheitlichen Jugend- und Erwachsenenbildung / Herbert Brühwiler. —
2., durchges. Aufl. — Opladen: Leske und Budrich, 1994

ISBN 978-3-322-93639-4   ISBN 978-3-322-93638-7 (eBook)
DOI 10.1007/978-3-322-93638-7

© 1994 by Leske + Budrich, Opladen

Alle Methoden in der Erwachsenenbildung sind darauf ausgerichtet, die
Teilnehmer zu aktivieren – ihr Handeln
zu stimulieren.

Selbsttätigkeit,
Betroffenheit,
Bewusstseinsbildung,
Verarbeitung und Bereicherung der
Erfahrungswelt von Erwachsenen stehen
im Vordergrund.

Informationstechniken werden benutzt,
um einerseits neue Erfahrungen zu
ermöglichen und anderseits eine Brücke
zu den bisherigen herzustellen.

Sempé (*Sempé 1975*, 20-25)

Inhalt

Vorwort oder:
Für eine bessere Integration von Zielen und Methoden in der Erwachsenenbildung

Über die wachsende Bedeutung der beruflichen und allgemeinen Erwachsenenbildung, dem sog. tertiären und quartären Bildungssektor, ist anhand volks- und betriebswirtschaftlicher Zahlen rasch Einigung zu erzielen. Die Bildungsökonomie lehrt uns, den immensen finanziellen, personellen und pädagogischen Aufwand der betrieblichen und freien Erwachsenenbildung zu sehen **und** der Frage nach dem Nutzen und vor allem nach der Wirksamkeit der aufgewandten psychischen und materiellen Energien nicht auszuweichen.

Die Verständigung über die **Bildungsziele** ist, sobald diese Frage konkreter wird, verständlicherweise kontroverser. Weltanschauliche Perspektiven, politische Positionen, wirtschaftliche Interessen und wissenschaftlich-pädagogische Gestaltungsmaximen beeinflussen die dauernde und notwendige Auseinandersetzung um stimulierende Ziele der Erwachsenenbildung. Es lassen sich dabei drei Hauptstränge der Entwicklung und Debatte feststellen:

o Auffällig ist, daß insbesondere im deutschsprachigen Raum die Impulse der Aufklärung, wie sie klassisch **I. Kant** formulierte, nämlich als Ausgang des einzelnen aus seiner selbstverschuldeten und von den politischen und religiösen Mächten geförderten Unmündigkeit, vorzugsweise als bloße Selbstbezüglichkeit aufgenommen und gestaltet wurden. Ging es bei Kant noch darum, „daß der Mensch alles, was über die mechanische Anordnung seines tierischen Daseins geht, gänzlich aus sich selbst herausbringe und keiner anderen Glückseligkeit oder Vollkommenheit teilhaftig werde, als die er sich selbst frei von Instinkt, durch eigene Vernunft, verschafft hat", so war und ist das bildungsorientierte Echo darauf die „werdende Persönlichkeit". Diese Tendenz zur individualistischen Verengung finden wir bis in die ebenfalls der Aufklärung und Emanzipation verpflichteten Psychoanalyse. Sowohl S. Freuds Unterscheidungskriterium von Gesundheit und Neurose „... ob der Person ein genügendes Maß von Genuß- und Leistungsfähigkeit verblieben ist" (GW XI S. 476), als auch D.W. Winnicotts Umschreibung des Therapieziels: „Lebendig bleiben, gesund bleiben, wach bleiben" (1974, S. 217, zit. nach Th. Auer, 1991), konzentrieren sich auf das Subjekt und seine dyadischen Beziehungen. I. Kants Vorstellung des „äußersten Zieles der Kultur", nämlich die Verwirklichung der „vollkommenen bürgerlichen Verfassung" als Rechtsraum, die dem einzelnen **und** den Völkern die Voraussetzung zur größtmöglichen Verwirklichung ihrer Freiheit gibt, stand und steht in der Gefahr, eng geführt zu werden in Selbstsuche, Selbstfindung, Selbstverwirklichung

und Identitätsbildung. (Kant-Zitate: Akademie-Ausg. Bd. 8, S. 19, 117.) So unverzichtbar und wesentlich das Subjekt, die Persönlichkeit, in allen Bildungsfragen ist, so ergänzungsbedürftig ist dieser Ansatz.

o Dies geschieht in einer Absage an alle **monozentrierten** Bildungskonzepte, seien diese in Gott, einer höchsten Idee (z.B. Fortschritt), im auch durch die neuere Philosophie und ökologisch orientierte Ethik kritisierten Anthropozentrismus oder in der Idee des Politischen usw. verankert. In der Abkehr von monozentrierten Bildungszielen wird das aufklärerisch-emanzipatorische Versprechen der Bildung erst einlösbar. Wir neigen dazu, die uns vermittelten und von uns erworbenen Kenntnisse, Einstellungen und Verhaltensweisen für definitiv wahr, angemessen und richtig zu halten. Der alltags-hermeneutische Zirkel, mit dem jeder seine Wirklichkeit konstruiert, bestätigt uns laufend in der Evidenz, Gegebenheit und scheinbaren Unausweichlichkeit unserer Wahrnehmungen und Schlußfolgerungen. Gründe dafür gibt es genug: Es ist nicht nur die menschliche Trägheit, sondern ebenso die wachsende Komplexität, Informationssättigung und die schwindenden Möglichkeiten der Realerfahrung mit Materie, Beziehungen und Situationen, die zunehmend nur als abstrakte Lerngegenstände auftauchen. Erfahrungen intellektueller Überforderung und sozialer Entmutigung behindern die Einübung in skeptisch-kritisches Denken und Handeln, das den Menschen aus einer dauernden Vereinnahmung durch sog. Sachzwänge und Institutionen entbindet. Der „neuen Unübersichtlichkeit" (J. Habermas) und „Wiederverzauberung der Welt" (M. Berman) muß gerade in der Erwachsenenbildung mit einem Bildungskonzept begegnet werden, das befähigt, umfassend, gründlich und ganzheitlich zu denken, Widersprüche aufzudecken und auszuhalten, realitätsgerecht und ichgerecht, also entschlossen und behutsam zu handeln und in der Bereitschaft, sich ständig von den Folgen seines Handelns korrigieren zu lassen.

o Die inhaltliche Debatte um förderliche Bildungsziele soll aber von der Frage nicht ablenken, **wer** oder **was** diese Ziele postuliert und setzt. Ist es einfach die Summe des **Vorfindlichen**, aus der die Bildungsziele — aber durch wen — abgeleitet werden? Sind es die **Experten** — welcher Bereiche —, die über die Bestimmung entsprechender Bildungsinhalte dem Ziel des reibungslosen und verläßlichen Funktionierens näherbringen wollen? Könnte nicht auch der **erwachsene Lernende** selber über seine Zielsetzungen und Zwecke des Lernens befinden?

Fr. Schleichermachers skeptische Frage, inwieweit es sich rechtfertigen lasse, einen gegenwärtigen Lebensmoment einem zukünftigen zu opfern, bleibt ein permanenter Einspruch gegen jede bildungswütige Vereinnahmung von Menschen zum Zwecke ihrer Konditionierung auf ihr zugeschneidertes Glück, Interesse, ihre von anderen definierte Befähigung und Sicherheit. In der vielfältigen Bildungsarbeit mit Erwachsenen gehen wir deshalb von dem Leitgedanken aus: „Bildung, als Ziel des Lernens, ist die Befähigung zu

— sachgerechtem Handeln, in Übereinstimmung mit
— den situativen Gegebenheiten und
— den persönlichen Zielsetzungen". (C.D. Eck, 1986, S. 3).

Die Verwirklichung jeder Zielvorstellung und Inhaltsbestimmung von Bildung ist auf die Diskussion um die angemessenen **Methoden** angewiesen. Die Praxis der Erwachsenenbildung zeigt aber über weite Strecken ein großes Defizit an **Methodenbewußtsein**. Dieser Zustand zeigt sich vor allem in folgenden drei Defiziten:

o Die faktische Konzentration auf informationsdarbietende, referierende Methoden bei aller bekenntnismäßiger Wertschätzung interaktiver oder autonomiefördernder Methoden. Stoffülle versus Zeitknappheit, faktische Wertschätzung jener Methoden bei Auftraggebern, Kursleitern und Adressaten sind die vorgebrachten Argumente bezüglich des Widerspruchs zwischen der theoretischen Propagierung interaktiver, autonomes Lernen fördernder Methoden und der tatsächlichen Präferenz der informationsdarbietenden Methoden. Dieses Defizit kann aber umso weniger verändert werden, als Routine, mangelnde Kenntnis und Erfahrung mit alternativen Methoden aber auch die positionsmachtorientierte Wertschätzung der leiterzentrierten Methoden einige der Hintergründe der Privilegierung dieser Methoden sind. Auf die durchaus vorhandenen Vorteile der stoff- und leiterzentrierten Methoden muß nicht grundsätzlich verzichtet werden. Aber ganz ohne Frage privilegiert diese Methodenkategorie die lerngewohnten und über eine überdurchschnittliche sprachliche Intelligenz verfügenden Adressaten. Das wichtige Postulat der Erwachsenenbildung, Selbständigkeit und die Chance, daß die Teilnehmer ihre eigenen Erfahrungen, Bedürfnisse und Einsichten artikulieren und reflektieren können, wird durch diese Methoden kaum erfüllbar.

o Die Frage der **Indikation** einer Methode wird vernachlässigt. Nicht nur, daß die Methodenvielfalt zu wenig kenntnisreich angewendet wird; gerade modische Trends oder ein fehlendes andragogisch-didaktisches Konzept verhindern, daß für eine de-

klarierte Zielsetzung und gegebene Situation die geeignetsten Methoden kompetent ausgewählt und eingesetzt werden. So kommt es denn, daß bestimmte Methodenkategorien, z.B. gruppenzentrierte Verfahren, mehr als Zugeständnis an eine bestimmte Vorstellung von Erwachsenenbildung, und dies dann noch eher oberflächlich, eingesetzt werden. Demgegenüber verlangt eine motivierte und motivierende Planung der erwachsenenbildnerischen Arbeit, daß jede Verwendung einer Methode im Wissen um

— Zielsetzung der Lernsequenz,
— die Lerngewohnheiten und Voraussetzungen der Adressaten,
— die Wirkungsweisen der Methode, inkl. Nebenwirkungen,
— die zeitlichen und organisatorischen Bedingungen,
— die korrekte Instruktion des Vefahrens,
— die geeignete Auswertungs- und Feedbackmöglichkeiten geschieht.

Ein andragogisches Verfahren, sei es mehr eine eigentliche Methode oder eher eine Technik bzw. ein Instrument, kann erst dann wirklich eingesetzt werden, wenn der Benutzer nicht nur angeben kann, wofür das Verfahren geeignet ist, sondern ebenso seine Grenzen, Schwierigkeiten und evtl. Kontraindikationen kennt. Dazu gehört auch die Auseinandersetzung mit dem Sachverhalt, daß nicht nur die angebotenen Theorien und Modelle, sondern auch die Lehr- und Lernmethoden bestimmten „Bildern" über die Welt, die Menschen und über ein „gutes Leben" verpflichtet sind. Die oft enttäuschenden Ergebnisse und Wirkungen „humanistischer" Modelle und Methoden hat einige ihrer Gründe in der mangelnden Reflexion der impliziten Annahmen von Theorien und Methoden, im Vergleich zu den Erwartungen von Auftraggebern, Teilnehmern und Kursleitern der Erwachsenenbildung.

Die Forderung nach professionellem Umgang mit pädagogisch-andragogischen Methoden bedeutet nicht, daß alle Anwender hauptberufliche Mitarbeiter in der Erwachsenenbildung zu sein hätten. Nicht nur wäre das völlig unrealistisch, sondern auch ein immenser Verlust an Problemlösungskompetenz und Situationkenntnis, wie sie gerade der nebenberuflich tätige Erwachsenenbildner potentiell mitbringt.

o Das methodische Hauptdefizit ist aber die mangelnde Reflexion des unauflöslichen Zusammenhangs zwischen **Zielsetzung** und **Methodik** des Lehrens. Die in einer bestimmten Situation verwendeten Methoden sind häufig nicht nur als Zielsetzung inadäquat, sondern dementieren geradezu das deklarierte Bildungsziel. Wenn beispielsweise Kurse / Seminare zur Kommunikation, Kooperation und Konfliktlösung mit einem Überhang an leiter- und stoffzentrierten Methoden (z.B. Frontalunterricht) durchgeführt werden, so sind nicht nur die mangelnden Übungs- und Erfahrungsmöglichkeiten zu beklagen, sondern vor allem der Sachverhalt, daß diese Art der Darbietung ein bestimmtes Modell von Kommunikation und Kooperation zum Ausdruck bringt. Kommunikation von oben nach unten, Privilegierung des Rationalen, trotz offensichtlichem Mehrgewicht der emotionalen Faktoren, Expertenlösung, Passivierung der Beteiligten usw. sind in einem solchen Fall die gelebten und „lebendigen" Elemente. Auch hier erweist sich das „verborgene" Curriculum als lernwirksamer als die offiziellen Angaben der Kursausschreibung. Das Lernen u.v.a. Transfer behindernde **Lernparadox** besteht darin, daß Lerninhalt und Lernmethode widersprüchlich sind.

Die sog. Kultursemiotik (U. Eco, 1972) hat aufgezeigt, wie „beredt" und vielsagend die „Zeichen" sind. Zeichen, die lange vor und über dem verbalen Austausch kommen und sich in Ort und Raum, Zeitpunkt der Bildungsveranstaltung, der Ausschreibung und Werbeträger, der Sitzordnung (vgl. S. 21 - 23) und vielem anderen mehr niederschlagen. Auch die Methoden der Erwachsenenbildung sind eine Semiose, also ein Prozeß, bei dem einiges als Zeichen fungiert. Jede Methode und das durch sie notwendige oder sie ermöglichende Setting transportiert Zeichen für das tieferliegende Verständnis der Ziele, Inhalte und Lernchancen (z.B. zur Veränderung und Innovation), oft mehr und eindrücklicher als die deklarierten Zielsetzungen und Lerninhalte einer Bildungsveranstaltung. Es ist lohnend und notwendig zugleich, die Semiose einer Veranstaltung der Erwachsenenbildung sich bewußt und der Analyse bzw. Veränderung zugänglich zu machen. Es könnte auf diese Weise möglich sein, die zahlreichen offenen und verdeckten Widersprüche in der Praxis der Erwachsenenbildung zu reduzieren und damit die Lernwirksamkeit und dadurch das Veränderungspotential vom Lernen zu erhöhen.

Herbert Brühwiler hat ein Kompendium der Methoden in der Erwachsenenbildung vorgelegt, das sehr geeignet ist, die skizzierten Defizite der Praxis der Erwachsenenbildung zu beheben. Es ist keine bloße Ansammlung von irgendwo gebräuchlichen Methoden in aller Beliebigkeit. Der pädagogisch-psychologische und gruppendynamische Hintergrund des Autors ist in Konzept, Auswahl und Instruktion der Methoden hilfreich spürbar. Einer der Vorzüge dieses Methoden-Handbuchs besteht darin, daß es sich nicht nur einiger weniger Veranstaltungstypen, z.B. Persönlichkeitsentfaltung, Kreativitätstraining, verpflichtet weiß, sondern das ganze Spektrum der methodischen Bedürfnisse umfaßt: Von themen- bzw. problembezogenen kognitiven Lernvorhaben bis zur körperintegrierten Selbsterfahrung. Die eigentliche Chance dieses Ansatzes ist gerade die Ganzheitlichkeit. Der kompetent angewandte Methodenpluralismus überwindet jede einseitige Ausrichtung auf einen bevorzugten Lernweg der Adressaten. In diesem Kompendium findet der haupt- und nebenberufliche Erwachsenenbildner eine Fülle von Anregungen zur lernwirksamen Moderation von Lernsequenzen.

Ich wünsche der Schrift von Herbert Brühwiler eine weite Verbreitung und anwendungsneugierige Leser.

Claus D. Eck
Institut für Angewandte Psychologie Zürich

Literatur

T. Ballauf: Pädagogik als Bildungslehre. Heidelberg: Quelle & Meyer 1986.

C.D. Eck: Anthropologische Grundlagen der Betrieblichen Erwachsenenbildung — Unterlagen des Seminars für das Betriebliche Ausbildungswesen Zürich: Institut für Angewandte Psychologie 1986

P. Elbow: Embracing contraries — explorations in learning and teaching New York: Oxford University Press 1986.

C.D. Eck ist stv. Direktor des Instituts für Angewandte Psychologie Zürich und leitet dort den Bereich „Fachliche Koordination und Betreuung".

November 1991

Das vorliegende Buch ist aus der langjährigen Tätigkeit in der Erwachsenenbildung entstanden. *Ruth Jahnke* trug die ursprüngliche Idee an mich heran: In der Zusammenarbeit der verschiedenen Schulpartner (Lehrer/Eltern/Behörden/Therapeuten) ist mehr darauf zu achten, daß nicht einfach ‚schulische Methoden' oder irgendwelche Sitzungsrituale tradiert werden, sondern auf erwachsenengerechte Methoden, Vorgehensweisen geachtet wird. Da vielen Lehrern, vielen Erwachsenen dies zuwenig bewußt ist und ihnen andere Vorgehensweisen oft nicht bekannt sind, habe ich diese Methodensammlung geschrieben.

Im Verlaufe der Entstehung kamen weitere Adressaten hinzu: betriebliche Ausbildner, Kursleiter in der freien Erwachsenenbildung, Erwachsene, die mit anderen Erwachsenen arbeiten (z.B. auch Teamarbeit in Leitungsgremien). Während meiner Ausbildungs- und Beratungstätigkeit wurde mir immer klarer, wie wichtig Vorgehensstrukturen (Methoden) auch in der Arbeit mit Jugendlichen sind. Ich denke dabei an Unterricht (Projektunterricht), an die Arbeit in den verschiedensten sozialpädagogischen Feldern wie beispielsweise in Heimen, Wohngemeinschaften, Jugendgruppen u.a., wo die vorgestellten Methoden immer mehr Verbreitung finden.

Das Buch stellt Methoden vor. Für Einsteiger bietet es Einstiegshilfen. Praktiker will es anregen, neue Methoden auszuprobieren und zu erfinden. Den ‚alten Hasen' will das Buch ein Spiegel sein, der hilft, auch reiche Erfahrungen noch zu bereichern.

Methoden strukturieren ein Unterrichtsgeschehen. Sie schaffen dadurch Interaktionsstrukturen und Atmosphäre, Kultur. Zum Beispiel schafft Photolangage eine ganz andere Atmosphäre als die schlichte ‚nackte' Fragestellung „Welche Erwartungen und/oder Befürchtungen habt Ihr bezogen auf diesen Kurs?". Methoden sind Strukturen. Strukturen schaffen Kultur, und Kultur schafft Struktur: sie stehen in einem zirkulären Verhältnis.

Das vorliegende Buch als Methodensammlung steht und fällt mit den Zugriffsmöglichkeiten des Lesers nach den einzelnen Methoden. Für den Leser bieten sich drei verschiedene Zugänge an:

1. Inhaltsverzeichnis (S. 8-9)
Wenn zu einzelnen Methoden wichtige Varianten beschrieben sind, werden sie im Inhaltsverzeichnis aufgeführt.

2. Übersicht (S. 24-25)
Da diese Übersicht als Matrix angelegt ist, gibt es zwei Möglichkeiten, sie zu lesen:

a) Der Leser will wissen, wozu eine Methode verwendet werden kann.
b) Der Leser sucht verschiedene Methoden z.B. für einen Themeneinstieg, liest die Beschreibung der Methoden und wählt die ihm passendste aus.

3. Sachregister (Anhang)
In diesem Register sind die beschriebenen Methoden **fett** gedruckt.

Viele der vorgestellten Methoden sind auch als Intervention geeignet. Als Beispiel sei eine Kommission erwähnt. Einige Mitglieder dieser Kommission sind immer wieder unzufrieden mit der Arbeitsweise. Die Unzufriedenen besprechen sich und schlagen am Ende der nächsten Sitzung eine Spiegelung, eine Rückmeldung zur gegenwärtigen Arbeitsweise vor. Sie suchen zu diesem Zweck eine Methode im Kapitel *Feedback*.

In einem zweiten Beispiel spürt der Kursleiter ein diffuses Unbehagen in einem seiner Kurse. Er möchte dieses Unbehagen in der nächsten Kurssequenz thematisieren: mit Hilfe des *Fragebogens zum Lernklima,* der die Dimension Führung, Entscheidung, Atmosphäre und Kritik enthält. Durch diese Intervention schafft der Kursleiter die Gelegenheit, die Lernsituation zu verändern.

Häufig wird zwischen Interventions*arten,* Interventions*ebenen* und Interventions*intensität* unterschieden:

- *Interventionsarten*
  o Methoden-Beispiele für *struktursetzende* Interventionen auf der *Inhaltsebene:* Feedback-Diagramme, Photolangage, Karikaturen usw.
  o Methoden-Beispiele für *struktursetzende* Interventionen auf der *Beziehungsebene:* Rollenspiel, Collage, Wahrnehmung usw.
  o Methoden-Beispiele für Interventionen zur *Auswertung:* Feedback, Arbeitsgruppenmodell, Polaritätsprofile usw.

- *Interventionsebenen*
  o Methoden-Beispiele für Interventionen auf der inhaltlich-sachlichen Ebene: Brainstorming, Team-Teaching, Lehrgespräche usw.
  o Methoden-Beispiele für Interventionen auf der Ebene der *Interaktionsdynamik:* Stummer Dialog, Malen, Zeichnen, Analogien usw.

- *Interventionsintensität*
  o Methoden-Beispiele für *tangentiales Ansprechen:* Blitzlicht, Graffiti, Kurzfilm usw.
  o **Methoden-Beispiele für Interventionen zur Spiegelung,** für *Feedback:* Feedback, Fragebogen zum Lernklima, Platzanalyse usw.

o Methoden-Beispiele für Interventionen zur *Konfrontation:* Team-Teaching, Imagination, Karikaturen usw.

Zwei weitere Kapitel schließen an die Methodensammlung an: „Bausteine eines Lernkonzeptes für die Erwachsenenbildung" und „Das ganzheitliche Denken und Handeln in der Projektarbeit". Beide Kapitel verfolgen das Ziel, den Kontext zu beschreiben, in dem Lernsituationen gestaltet werden. Dieser Kontext wird so beschrieben, daß dabei auch die Anwendung der Methoden, die Haltung, die sie erfordern, verdeutlicht wird.

Die Bausteine eines Lernkonzeptes der Erwachsenenbildung bilden die Grundlage, die Orientierung für den Einsatz der Methoden.

Die Projektarbeit, die Projektentwicklung ist aus dieser Orientierung herausgewachsen. Projektarbeit wird oft als Methode beschrieben — z.B. im Projektunterricht. Meiner Meinung nach übersteigt sie in ihrer Bedeutung den Stellenwert einer Methode. Sie entspricht einem Lernprinzip, einer Unterrichtsgestaltung, die die Methoden der vorliegenden Sammlung integriert. Die Projektarbeit orientiert sich an folgenden Leitideen:

Gemeinsam statt einsam
Integriert statt isoliert
Vernetzt statt linear
Forschen, Fragen und Suchen stehen im Vordergrund
Synergie statt Energie des einzelnen
Lernen statt reproduzieren
Bildung statt Schulung

Dem Buch liegt ein Verständnis zugrunde, das vom lebenslangen Lernen (Entwicklung) ausgeht. Überall — immer wenn Erwachsene zusammenarbeiten — entstehen Situationen, die als Lernsituationen verstanden und genutzt werden können. In diesem Sinne möchte ich die Leser ermuntern, möglichst viele Situationen als Lernsituationen zu nutzen, und hoffe, das vorliegende Buch möge ihnen dabei helfen.

Danken möchte ich *Frau Ruth Jahnke* für ihre Anregung zum Buch und Herrn *C.D. Eck* für das unterstützende Vorwort.

Horgen, im Herbst 1991
Herbert Brühwiler

Lernsituationen mit Erwachsenen

Auf dem Hintergrund des Konzepts des lebenslangen Lernens steht ein Grundpostulat der Erwachsenenbildung: *Situationen der Zusammenarbeit von Erwachsenen (in Projekten, Kommissionen, Sitzungen, Elternarbeit von Lehrern usw.) sind als Lernsituationen zu betrachten.*

Dies bezieht sich auf das Nutzen von Lernsituationen, die sich anbieten, und auf das Gestalten von Lernsituationen, z.B. mit Hilfe bestimmter Methoden. Diese Betrachtungsweise bezieht sich selbstverständlich auch auf Unterrichtssituationen in der Erwachsenenbildung.

Jede Zusammenkunft einer Initiativ- oder Projektgruppe, jede Sitzung von Kommissionen, jeder Unterricht in der Erwachsenenbildung hat ein bestimmtes Konzept, eine Planung, hat Traktanden. Auf dem Hintergrund der Erwachsenenbildung geht es nicht nur darum, diese Konzepte und Planungen zu realisieren oder Traktanden abzuhaken, sondern hellhörig, hellsichtig im Ablauf auf Lernsituationen zu achten:
Die Zusammenarbeit zu lernen, zu verbessern; in der Informationsbeschaffung neue Ressourcen zu entdecken; Problemlösungsverfahren kennenzulernen, anzuwenden und zu verbessern; die Arbeit in Sitzungen, an Elternabenden auszuwerten; Methoden der Projektentwicklung kennenzulernen; Konfliktlösungsmethoden einzusetzen; den Aufbau von Referaten zu verbessern usw. *Methoden sind Hilfsmittel, diese Ziele zu erreichen.*

Methodenverständnis in der Erwachsenenbildung

Die klassische Definition von Didaktik wird als die Lehre beschrieben, Ziele und Inhalte auszuwählen. Sie hat eindeutig das Primat über die Methodik.

Der vorliegenden Methodensammlung liegt aber ein *anderes* Didaktikverständnis zugrunde. Die allgemein verbreitete Bedeutung «Methode ist der Weg zum Ziel» erfährt hier insofern eine Erweiterung, als *der Weg selbst* Ziel (Teilziel) und Inhalt sein kann. In diesem Verständnis verschiebt sich der Stellenwert von Methoden zu methodisch-didaktischen Gestaltungselementen von Lernsituationen. Ich möchte dies am Strukturmodell des Lehrens und Lernens von *Heimann* (zit. in *Peterssen 1983*, 107) aufzeigen.

Vollständiges Strukturmodell:

Methoden als methodisch-didaktische Gestaltungselemente von Lernsituationen:

In diesem *erweiterten Methodenverständnis* beziehen wir die Intention immer gleichzeitig auf Methode *und* Inhalt und zwar lautet die Fragestellung einerseits «Mit welchen Methoden können wir einen bestimmten Inhalt vermitteln?» und andererseits «Welche Inhalte vermitteln wir mit welchen Methoden?» Die letzte Frage führt uns in den methodisch-didaktischen Bereich.

Beispiele:

● *Partnerinterview*

Wir setzen das Partnerinterview ein, um die Phase des gegenseitigen Kennenlernens zu gestalten.

Häufig beschränkt sich das Vorstellen auf: «Herbert Brühwiler, Psychologe».

Uns interessiert aber mehr: die Lernsituation, die in dieser Phase begründet ist. Jeder Teilnehmer muss sich überlegen, was ihn eigentlich am andern interessiert. Dadurch beginnt jeder, sich mit dem andern intensiver zu beschäftigen. In der Folge entsteht eine höhere gegenseitige Verpflichtung, Distanzen werden vermindert, die Motivation erhöht. Im Partnerinterview erhebt der eine Informationen über den anderen und stellt die Informationen auf einem Plakat dar: Er lernt dabei, auf jemanden einzugehen, durchschreitet die Anonymität, exponiert sich durch sein Interesse und seine Neugierde.

Die Methode des Partnerinterviews lässt sich auch auf andere Lernsituationen übertragen:
- Erkunden von Meinungen und Einstellungen
- Erheben von Wissen, Informationen (Ressourcen)
- Auswertungssituationen

● Mit der Methode des *Brainstormings* werden die Bedingungen einer optimalen Ideenproduktion gelernt – ein wichtiger Teilschritt für Problemlösungsprozesse.

● In der Arbeit mit ‹Polaritätsprofilen› lernt ein Teilnehmer, dass jeder Begriff, jede Situation einen ganz speziellen semantischen (= Bedeutungs-) Raum beinhaltet. In diesem Zusammenhang lernt der Teilnehmer, Situationen wahrzunehmen, zu beurteilen – was immer eine Entscheidung bedingt. U.a. lernt er (je nach Verwendungszweck) den Stellenwert von Auswertungen in Lernprozessen kennen. Auswertung ist immer ein immanenter Bestandteil des Lernens.

● Durch das Praktizieren verschiedener Formen des ‹Team Teaching› werden den Teilnehmern Formen der Zusammenarbeit vermittelt. Im weiteren erfahren die Teilnehmer ein wichtiges gruppendynamisches Phänomen: Der Kooperationsgrad zwischen den beteiligten Lehrern bzw. Kursleitern überträgt sich auf die Teilnehmer.

● Im *Arbeitsgruppenmodell* werden wichtige gruppendynamische Dimensionen von Arbeitsgruppen vermittelt und wie damit gearbeitet werden kann. Das Zusammenwirken von Arbeitsweise und Ergebnis, von Prozess und Produkt, wird in ihrer Bedeutsamkeit erfahren.

Alle diese Beispiele verweisen auf die in bestimmten Methoden enthaltenen Inhalte, also auf methodisch-didaktische Gestaltungselemente von Lernsituationen.

Medien unterstützen diesen Prozess – auch sie werden durch die Intentionen beeinflusst.

Wir können davon ausgehen, dass Methoden immer auch einen Inhalt vermitteln – also auch eine ganz bestimmte Intention beinhalten. Deutlich wird dies im sogenannten ‹hidden curriculum› – im heimlichen Lehrplan: heimlich werden (aufgrund nicht transparenter Intentionen) Inhalte vermittelt.

Beispiel:

Gruppenunterricht kann im Unterricht als Rhythmisierung – beispielsweise als Abwechslung zum Frontalunterricht – eingesetzt werden. Jeder Kursleiter/Lehrer hat inzwischen einmal gehört, dass die Aufnahmefähigkeit der Teilnehmer eine kritische Grenze hat. Um dem entgegenzuwirken, bietet sich eine Gruppenarbeit an. Ergebnisse von Gruppenarbeiten können *nicht* vorausgesagt werden – ausser jene von für Gruppen atypischen Aufgabenstellungen. Meist wird in der Vorbereitung

des Leiters für die Präsentation der Ergebnisse der Gruppen Raum eingeplant. Anschliessend wird die Vorbereitung aber fortgesetzt, obwohl die Ergebnisse nicht bekannt sind: diese werden gewissermassen ihres Einflusses beraubt.

In solchen Fällen wird durch das Vorgehen, die Methode, der Inhalt vermittelt, dass Erholung notwendig ist, was in vielen Gruppenarbeiten auch realisiert wird. Im weiteren wird auch vermittelt, dass die Ergebnisse aus den Gruppenarbeiten nicht *so* gewichtig sind, dass sie den weiteren Verlauf des Unterrichts bzw. Kurses bestimmen können. Sie entsprechen nicht dem Level, Niveau des Kursleiters/Referenten, was ihn seinerseits dazu legitimiert, in seinem vorbereiteten Konzept weiterfahren zu können. Aus dieser Erfahrung heraus ist verständlich, dass sich immer wieder Teilnehmer gegen Gruppenarbeiten wehren werden.

In Ausbildungssupervisionen habe ich erlebt, dass es vielen Kursleitern nicht gelingt, Ergebnisse aus Gruppenarbeiten in den weiteren Kursverlauf einzubauen – meist mangels Flexibilität. So ist es nicht erstaunlich, dass die Motivation für Gruppenarbeiten sinkt, gleichzeitig die Vereinzelung in der Teilnehmergruppe zunimmt und die Gruppenleistung proportional immer schlechter wird.

Was dem Teilnehmer verbaut wird: sich zunehmend mehr und mehr für Gruppenarbeit zu qualifizieren.

Weitere Beispiele finden wir im Frontalunterricht, wo Kompetenzverhältnisse bzw. -gefälle geregelt und verstärkt werden. Ich wehre mich nicht gegen Referate, ganz und gar nicht. Ich setze nur eine Bedingung: Inhalt *und* Methode müssen in Einklang stehen.

Auch die räumliche Anordnung von Unterricht vermittelt aufgrund ihrer Intention inhaltliche (soziale) Aspekte und gibt Aufschluss über das mögliche Methodenspektrum, das verwendet werden kann. Die Ausrichtung – Wer sieht wen? Wer kann mit wem kommunizieren? – wird durch die Sitzordnung (Brennpunkt) festgelegt. Eine Bildungseinrichtung, die ihre Sitzmöglichkeiten (Stühle) festschraubt, fixiert den Brennpunkt des unterrichtlichen Geschehens.

Folgerungen

Wenn wir Lernsituationen mit Hilfe bestimmter Methoden aufnehmen und gestalten wollen, müssen deren inhaltliche Zielsetzungen mit den Zielsetzungen der Kursgruppe übereinstimmen.

Wir werden z.B. in einer straff geführten Kommission der Schulpflege mit der Methode ‹Photolangage› mit Bestimmtheit auf Wiederstand stossen (Intention: Standortbestimmung der Zusammenarbeit in der Kommission), da in der Regel Kommissionen sich diese Zielsetzung nicht bewusst gegeben haben. Vorerst müssen die Mitglieder dieser Kommission motiviert werden, über ihre Zusammenarbeit zu reflektieren bzw. diese weiterentwickeln zu wollen.

Wir sehen an diesem Beispiel, dass wir uns nicht nur mit methodisch-didaktischen Gestaltungselementen von Lernsituationen befassen müssen, sondern auch mit Strategien: Wie können wir die Arbeit/Zusammenarbeit so beeinflussen, dass Lernsituationen aufgenommen und gestaltet werden können. Hiermit begeben wir uns in das Spannungsfeld jeder Veränderung, das durch die Pole ‹Veränderung› und ‹Widerstand› gekennzeichnet ist.

Kooperation und Widerstand – Spannungsfeld jeder Innovation

Im folgenden geht es darum, durch unser Verhalten ein kooperatives Klima zu schaffen, das es ermöglicht, Veränderungsideen (Innovationen) aufzunehmen, zu fördern, und dadurch Lernsituationen zu schaffen. Wir müssen uns bewusst sein, dass nicht a priori jeder lernen will, sondern Situationen, die Lernen erfordern, nicht Begeisterung, sondern Widerstand auslösen.

Kooperation	*Widerstand*
Begünstigt wird Kooperation, wenn die Diagnose des Grundproblems gemeinsam mit den Betroffenen erstellt wird.	Widerstand wird begünstigt, wenn die Diagnose des Grundproblems von aussen aufgedrängt wird.
Kooperation wird begünstigt, wenn Leitung/Mitarbeiter in der Phase der Planung, beim Entwerfen von Ideen, miteinbezogen sind – wenn sie eigene Ideen in den Vorschlägen erkennen.	Widerstand wird begünstigt, wenn Leitung/Mitarbeiter aus der Planung und Ideenproduktion ausgeschlossen sind – wenn sie mit fremden Ideen konfrontiert werden.
Kooperation wird begünstigt, wenn die Entscheidung für eine Neuerung mittels Konsens der Beteiligten erreicht wird.	Widerstand wird begünstigt, wenn die Entscheidung über eine Neuerung via Mehrheitsbeschluss oder Kraft der Weisungsfunktion Vorgesetzter gefällt wird.
Kooperation wird begünstigt, wenn Befürchtungen aus dem Kreis der Beteiligten gegen die Neuerung im gemeinsamen Gespräch zwischen Gegnern und Befürwortern bearbeitet werden.	Widerstand wird begünstigt, wenn Einwände und Befürchtungen unter den Gegnern allein bearbeitet werden müssen.
Kooperation wird begünstigt, wenn Werte, Normen, Ideale, die von den Mitgliedern seit langem anerkannt sind, mit den Werten der Neuerung übereinstimmen.	Widerstand wird begünstigt, wenn Werte, Normen, Ideale, die anerkannt sind, im Gegensatz zu den Inhalten der Neuerung stehen.
Kooperation wird begünstigt, wenn die Beteiligten (auch potentielle Gegner) im Verlaufe des Versuchs Annahme, Unterstützung und Vertrauen in ihren gegenseitigen Beziehungen, auch bei inhaltlichen Differenzen, erfahren.	Widerstand wird begünstigt, wenn die Beteiligten (auch potentielle Gegner der Neuerung) isoliert, unmöglich gemacht, als destruktiv bezeichnet werden, wenn sie inhaltlich nicht übereinstimmen.

Einige Grundsätze:

● Es ist günstiger, Innovationswiderstände abzubauen, als den Innovationsdruck zu verstärken (Aufschaukelungsgefahr).

● Versuche mit den Argumenten des Innovationswiderstandes zu arbeiten und nicht mit den eigenen. Sich durch den Gegner beraten lassen.

● Zwischen Innovationsinhalt und -strategie darf langfristig keine hohe Abweichung bestehen (z.B. mit Druck, «Erpressungsversuchen», Kooperation erzwingen zu wollen).

(Brühwiler, H. / Egli, O. 1986, Arbeitsunterlage)

Grundsätze für den Einsatz der Methoden

☐ Methoden bieten Einstiegsmöglichkeiten.
Methoden sind Strukturhilfen.
Methoden sind Vorgehensmöglichkeiten.
Methoden bieten ein Handlungsgerüst.

☐ Keine ‹Methodenschlacht› planen! Methoden können Teilnehmer erschlagen und – vor allem – ermüden!

☐ Hinter den Methoden stehen folgende Zielsetzungen: Selbsttätigkeit, Betroffenheit und Bewusstseinsbildung bei den Teilnehmern fördern. Die Verarbeitung und Bereicherung ihrer Erfahrungswelt steht im Vordergrund!

☐ Alle Methoden sind darauf ausgerichtet, das Handeln der Teilnehmer zu stimulieren.

☐ Ich kann Erwachsene nicht zwingen mitzumachen. Ich kann sie anregen und motivieren. – Nehmen Sie Hemmungen ernst! – Diese Erwachsenen zeigen etwas von sich und wollen darin ernst genommen werden!

☐ Einige Methoden können erst eingesetzt werden, wenn Teilnehmer und Kursleiter einander besser bekannt sind (v.a. nonverbale Methoden).

☐ Wenn ich einen Kurs, einen Elternabend oder sonst eine Veranstaltung plane, muss ich mir immer überlegen: «Was tue ich, wenn ich von meinem vorbereiteten Konzept abweichen muss (beispielsweise bedingt durch einen Konflikt oder durch eine Teilnehmer-Initiative)?»

☐ Jeder Methodenkatalog hat ‹Krücken-Charakter›. Für noch unerfahrene Erwachsenenbildner bietet er Einstiegsmöglichkeiten. Mit zunehmender Erfahrung hat er nur noch Anregungscharakter – bis er sich schliesslich erübrigt. Für bewährte Erwachsenenbildner bietet er eine Zusammenstellung von Möglichkeiten, Erfahrungen auszuweiten.

☐ Jede Methode ist variierbar. Beispielsweise kann ein Hörspielausschnitt als Ausgangslage für ein Rollenspiel verwendet werden, statt der üblichen Rolleninstruktionen.

☐ Je nach Thematik erwarten die Teilnehmer gewisse Informationen vom Leiter der Veranstaltung. Beispielsweise erwarten die Teilnehmer einer Veranstaltung über Hausaufgaben auch die Meinung des Lehrers. Diese Informationen kann er in Thesen fassen (Thesenreferat), er kann sie in ein Kurzreferat einkleiden, er

kann sie an die Gruppenberichte anschliessen – aber je nachdem, wo diese Informationen des Kursleiters bzw. Lehrers erfolgen, erhalten sie einen *andern* Stellenwert!

☐ *Achtung vor Killerphrasen*

● Das haben wir alles schon versucht!
● Das lässt sich bei uns nicht verwirklichen!
● Dazu ist die Zeit noch nicht reif!
● Das ist mir zu kindisch!
● Wohin soll das führen?
● Wer bezahlt das?
● Legen Sie das erst mal schriftlich vor!
● Da werden unsere Leute nicht mitmachen!
● Das ist mir zu umständlich – mit dem gesunden Menschenverstand . . .!
● Wie lange beschäftigen Sie sich schon mit diesem Thema?
● Man wird von uns denken: «Die sind ja nicht ganz bei Trost!»
● Spezialisten haben sich schon jahrelang damit beschäftigt und sind auch nicht weitergekommen!
● Das haben wir schon früher einmal ohne Erfolg probiert!
● Dazu fehlen uns die Mittel!
● Das kostet zuviel Zeit!
● Wie stellen sie sich das konkret vor?
● Das haben andere auch schon herausgefunden!

(Sikora 1976, 36)

Da Killerphrasen Bewertungen beinhalten und meist (als Widerstand) vor dem Ideenfindungs- bzw. Problemlösungsprozess auftreten, hemmen oder verhindern sie Kreativität. Am besten begegne ich ihnen, indem ich darauf hinweise, dass die Bewertung erfolgt – aber am Schluss. Auf jeden Fall sollten Sie sich nicht auf eine inhaltliche Diskussion über geäusserte Killerphrasen einlassen – das provoziert Dialoge, die in grösseren Gruppen bei den übrigen Gruppenmitgliedern zu einem Motivationsabfall führen.

☐ Für Gruppenaktivitäten ist es wichtig, dass ich genügend Zeit einplane! In der Regel sind die Zeiten zu kurz bemessen. Ich muss daran denken, dass Gruppenarbeiten auch soziale, nicht nur inhaltliche Ziele beinhalten.

☐ Die eingesetzten Methoden sollen die Teilnehmer in erster Linie aktivieren. Es ist eine bekannte Tatsache, dass aktive Teilnehmer keine Motivationsprobleme haben. Das Lernen setzt Eigenaktivitäten voraus.

☐ Wenn ich eine Gruppenarbeit plane, muss ich mir immer vorher überlegen, wie die Ergebnisse den andern Gruppenmitgliedern mitgeteilt werden und was mit den Ergebnissen geschehen soll.

Was mache ich als Kursleiter bzw. Lehrer an einem Elternabend, während die Teilnehmer oder Eltern selbständig in Gruppen arbeiten?

- Am besten beschäftige ich mich mit dem Kursverlauf: Die Gruppen kommen zurück – was nun?
- Ich stelle mich zur Verfügung, d.h., die Gruppen wissen, wo ich mich befinde und können mich holen.
- Sicher nehme ich nicht als supponiertes Gruppenmitglied an der Gruppenarbeit teil, denn ich bleibe Kursleiter und kann nicht plötzlich die Rolle wechseln.
- Vorteilhaft ist, wenn ich nicht von Gruppe zu Gruppe gehe, denn dies wird vielfach als Kontrolle empfunden – oder ich verhindere durch meine Präsenz die Selbstorganisation der Gruppe.

☐ Die Auswertung von Aktivitäten ist besonders wichtig. Sie festigt einen begonnenen Lernprozess und schafft Zukunftsbezüge: Die Beurteilung einer Veranstaltung umfasst stets auch die Frage nach Verbesserungsmöglichkeiten und was weiter folgen soll.

☐ Alle Methoden können übrigens – entsprechend angepasst – auch für Jugendliche verwendet werden.

Von der Sitzordnung hängt mehr ab, als man denkt

Veranstaltungen der Erwachsenenbildung, Elternabende finden häufig in Schulzimmern statt – oder in Aulen, Freizeitanlagen, Kirchgemeindehäusern, in Sälen von Gaststätten usw. Alle diese Räume strahlen eine bestimmte Atmosphäre aus. Durch die Anordnung von Tischen und Stühlen wird die Form des Zusammenseins mitgeprägt. Geht es beispielsweise einem Lehrer darum, Eltern möglichst viele Informationen zu vermitteln, so genügt es, dass der Lehrer alle Eltern sieht und umgekehrt – ob sich die Eltern gegenseitig sehen, ist hier unwichtig. Eine ganz andere Sitzordnung verlangt ein Elternabend, der Kontakte zwischen Eltern und zwischen Eltern und Lehrer fördern soll.

Im folgenden werden verschiedene Sitzordnungen skizziert mit ihren Vor- und Nachteilen. (Ich stütze mich hier auf den Artikel *Schultze 1978.*)

Die klassische Schul-Sitzordnung

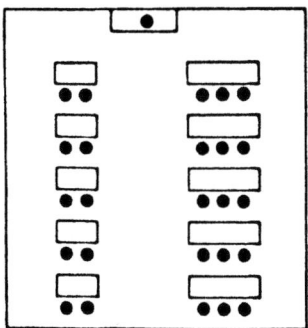

Vorteile:
○ Für Referate gut geeignet
○ Eltern fühlen sich in der Schule/Schulerinnerungen steigen auf.
○ Klassenzimmer muss nicht umgestellt werden.

Nachteile:
○ Teilnehmer sind in der Regel passiver.
○ Gespräche laufen v.a. zwischen einzelnen und dem Lehrer, Leiter ab.
○ Erwachsene verhalten sich «wie Schüler».

U-Form oder Hufeisen

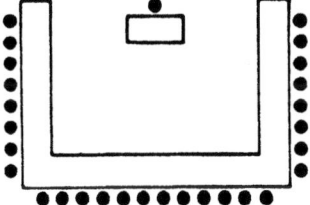

Vorteile:
○ Günstig für Referate
○ Gute Sichtverbindung des Referenten/Leiters zu den Teilnehmern
○ Bekannte Sitzordnung (Versammlung, Feste)

Nachteile:
○ Diese Sitzordnung braucht viel Platz; werden auch die Innenseiten bestuhlt, können sich viele Teilnehmer nicht mehr sehen.
○ Grosse Distanzen zwischen den Teilnehmern

Quadrat

Vorteile:
○ Es braucht wenig Planung.
○ Diese einfache Sitzordnung kann als Aktion mit den Teilnehmern durchgeführt werden.
○ Der Lehrer hat keinen exklusiven Platz.

Nachteil:
○ Nicht alle Teilnehmer können sich sehen.

Gruppenbestuhlung

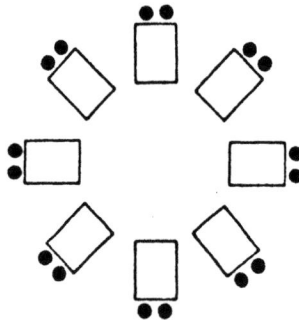

Vorteile:
○ Diese Sitzordnung eignet sich ausgezeichnet für Gruppenarbeiten.
○ Dadurch, dass sich alle Teilnehmer sehen können, werden sie auch weniger abgelenkt.

Nachteil:
○ Diese Sitzordnung braucht viel Platz; bei vielen Teilnehmern wird der Platz schnell zu eng.

Sternsitzordnung

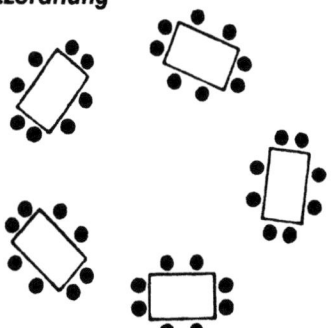

Vorteile:
○ Ausgezeichnet für Gruppenarbeiten
○ Aktivere Sitzordnung

Nachteile:
○ Bei vielen Teilnehmern reicht der Platz nicht aus.
○ Teilnehmer sitzen relativ weit auseinander.

Kreis, ohne Tische

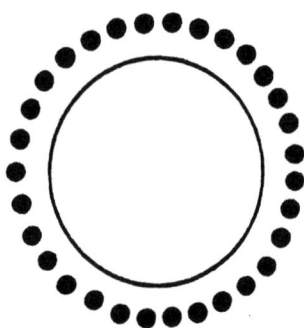

Vorteile:
○ Tische als Barrieren fallen weg.
○ Viele Teilnehmer haben Platz.
○ Diese Sitzordnung fördert die Gesprächsatmosphäre.

Nachteil:
○ Nicht alle Teilnehmer sind gewohnt, so frei im Raum zu sitzen. In Anfangssituationen fühlen sich viele Erwachsene in dieser Anordnung nicht so wohl; die Schutz bietenden Bänke fallen weg.

Doppelkreis

Vorteile:
○ Sehr viele Teilnehmer haben Platz.
○ Aufgelockerte Sitzordnung, die gesprächsanregend wirkt.

Nachteile:
○ Nicht alle Anwesenden können sich sehen.
○ Der äussere Kreis wird vielfach bevorzugt.

Gruppentische im Plenum

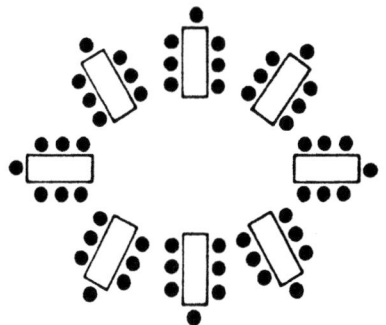

Vorteile:
○ Diese Sitzordnung eignet sich ausgezeichnet für den Wechsel zwischen Arbeit im Plenum und Arbeit in Kleingruppen, ohne dass die Sitzordnung umgestellt werden muss.

○ Die Kleingruppen bleiben auch im Plenum bestehen.

Nachteile:
○ Nicht alle Anwesenden können sich sehen.
○ Diese Sitzordnung braucht viel Platz.

«Meine Ziele für einen Elternabend bestimmen meinen Plan des Vorgehens. Die Raumordnung hilft, die Ziele besser zu erreichen.
Dabei versuche ich ein ‹oben› und ‹unten› in der Raumaufteilung möglichst zu vermeiden, weil es die Verhaltensweise der Teilnehmer in einer Weise beeinflussen kann, die ich gar nicht will. Ich möchte gern, dass sich alle ‹gleichberechtigt› beteiligen können.» *(Schultze 1978, 32)*

Die Geschichte vom Königreich Ums Eck

Es war einmal ein Königreich, das hiess Ums Eck. Dort galt es als sehr unhöflich, geradeaus aufeinander zuzugehen. Wer einen anderen treffen wollte, musste ums Eck zu ihm gehen. Um dies zu erleichtern, waren im ganzen Land überall aus Steinen gemauerte Ecken aufgestellt, um die man gehen konnte. Das fanden die Leute praktisch. Da kam ein neuer König auf den Thron, der war im Ausland gewesen, wo es die Ecken nicht gab. Da er sie unnütz fand, befahl er, sie abzureissen. Da erhob sich grosser Protest im Lande, weil kein Mensch den andern mehr treffen konnte und alle verwirrt herumliefen. Der König musste abdanken, und die Ecken wurden wieder aufgebaut. Inzwischen stehen sie so dicht, dass sie ein einziges Labyrinth bilden. Manche Einwohner stört das, aber die meisten glauben immer noch, sie kämen so besser zurecht.

(Aus: *Sozialmagazin*, Juni 1977, 23)

Verwendungsmöglichkeiten

Verwendungsmöglichkeiten	27	29	31	33	37	41	42	43	45	47	49	57	59	60	61	61	63	65	67	69	71
Interventionsinstrument		•			•						•	•	•		•	•	•				
Meinungsbildung	•	•	•			•	•	•	•	•	•	•			•	•	•				•
Entscheidungsfindung		•						•		•		•			•						•
Diskussionsanregung	•	•		•	•		•		•		•	•	•		•	•	•	•	•		•
Erfahrungen aktualisieren	•	•		•	•						•	•						•			
«heisse» Eisen aufnehmen	•			•	•						•	•	•		•	•	•	•			
Informationsverarbeitung	•	•		•			•				•	•			•	•					•
Informationsvermittlung									•						•						
Lerngruppe thematisieren		•		•	•	•					•		•		•	•	•		•		
Vorgehensmöglichkeiten finden	•						•		•									•	•	•	•
Ideen sammeln				•			•	•	•									•		•	•
Thema-Suche	•	•		•	•		•							•				•		•	•
Konfliktlösung – Problemlösung		•				•			•		•	•	•				•		•	•	
Teilnehmer aktivieren	•	•	•	•	•	•	•	•		•	•	•	•				•	•	•	•	
Auswertung	•	•	•	•	•	•	•	•					•	•	•	•		•	•	•	•
Thema-Einstieg	•	•		•	•				•	•	•	•	•		•	•		•	•	•	•
Kontakt – Kennenlernen	•			•	•														•		
averbal		•		•	•						•			•	•	•					
verbal	•		•			•	•	•	•	•	•	•	•	•				•	•	•	•
siehe Seite . . .	27	29	31	33	37	41	42	43	45	47	49	57	59	60	61	61	63	65	67	69	71

Methoden

- Partnerinterview
- Collage
- Zwei-Reihen-Gespräch
- Malen, Zeichnen
- Photolangage
- Blitzlicht
- Methode 66
- Kugellager
- Podiumsgespräch
- Debatte
- Karikaturen
- Rollenspiel
- Analogien
- Graffiti
- Smily
- Stimmungs-Barometer
- Stummer Dialog
- Expertenbefragung
- Anhörkreis
- Brainstorming
- Diskussion

Verwendungsmöglichkeiten

Verwendungsmöglichkeiten	73	77	79	85	87	93	95	97	101	103	105	107	111	115	121	123	125	127	129	133	135	137
Interventionsinstrument				●	●	●	●	●	●				●	●	●				●		●	●
Meinungsbildung	●	●									●		●		●			●		●		
Entscheidungsfindung					●				●		●		●				●			●		
Diskussionsanregung	●	●		●					●	●	●		●		●							
Erfahrungen aktualisieren	●			●		●	●	●	●	●	●			●	●		●					
«heisse» Eisen aufnehmen	●		●	●							●				●					●		●
Informationsverarbeitung						●			●	●									●			
Informationsvermittlung	●	●				●			●	●			●						●			
Lerngruppe thematisieren			●		●		●		●			●			●					●		●
Vorgehensmöglichkeiten finden			●								●		●									
Ideen sammeln	●		●								●											
Thema-Suche			●		●				●			●								●		
Konfliktlösung – Problemlösung			●	●							●				●		●		●			
Teilnehmer aktivieren	●			●		●	●	●	●	●	●	●		●	●				●	●	●	●
Auswertung	●			●	●	●			●				●		●		●	●		●		●
Thema-Einstieg	●	●		●				●	●	●	●				●					●	●	●
Kontakt – Kennenlernen				●								●										●
averbal				●			●				●		●								●	●
verbal	●	●	●	●	●	●		●	●		●		●	●	●	●	●	●	●	●	●	●

siehe Seite . . .

Methoden

- 73 — Kurzfilm
- 77 — Vortrag
- 79 — Ideen finden und Probleme lösen
- 85 — Konfliktgespräche in Gruppen
- 87 — Wahrnehmung
- 93 — Ja-aber-Gespräche
- 95 — Körpersprache
- 97 — Lehrgespräch
- 101 — Platzanalyse
- 103 — Fragen und Lernen
- 105 — Entraînement mental
- 107 — Innenbilder – Imaginationen
- 111 — Arbeitsgruppen-Modell
- 115 — Planung
- 121 — Gruppeninterview
- 123 — Rotierendes Tagebuch
- 125 — Polaritätsprofile
- 127 — Entscheidungsübung
- 129 — Team Teaching
- 133 — Fragebogen zum Lernklima
- 135 — Themenmarkt
- 137 — Feedback

Partnerinterview

Die Teilnehmer bilden Paare. Diese sollten nicht aufgrund von Bekanntheit oder Sympathie entstehen, sondern besser durch Zufall; ansonsten werden bestehende Subgruppen verstärkt und Neukontakte erschwert. Je nach Art der Kursgruppe können spielerische Formen gewählt werden: beispielsweise ‹Fädenziehen›. Der Leiter hält ein Bündel Fäden (halb so viel wie Teilnehmer anwesend sind) so in der Hand, dass deren Enden links und rechts herausragen, ohne dass sichtbar ist, wie diese Enden miteinander zusammenhängen. Jeder Teilnehmer zieht an einem Fadenende. Dadurch werden je zwei Teilnehmer einander als Partner zugeordnet.

Eine andere Möglichkeit ist ‹Losziehen›. Die eine Hälfte der Teilnehmer schreibt ihren Namen auf ein Kärtchen. Man kann auch ‹Sprichwörter zerschneiden›, die in einer Schachtel gemischt werden. Jeder zieht eine Sprichworthälfte und sucht die Ergänzung.

Die Partner interviewen einander anhand einiger Fragen.

Beispiele:
- Wer sind Sie?
- Welche Hobbies haben Sie?
- Was lesen und hören Sie gerne?
- Sind Sie politisch interessiert?
- Haben Sie Verantwortung in Schule, Gemeinde, Kirche . . .?
- Was wäre Ihr Traumberuf?
- Wie wohnen Sie?
- Wo möchten Sie am liebsten leben?
- Was regt Sie am meisten auf?
- Haben Sie viele Bekannte?
- Sind Sie gerne allein?

Jeder Teilnehmer stellt nun seinen Partner anhand der Informationen aus dem Interview vor. Dieses Vorgehen fördert das Sich-Kennenlernen und die Fähigkeit, auf den andern einzugehen.

Eine Variante zur mündlichen Vorstellung – v.a. bei vielen Teilnehmern, wo der einzelne in den vielen Informationen untergeht:
Jeder Teilnehmer stellt seinen Partner auf einem Plakat vor (Plakatformat!). Eine gute Identifikationsmöglichkeit bieten Fotos aus der Polaroid-Kamera. Auch der Akt des gegenseitigen Fotografierens verstärkt die Intentionen des Partnerinterviews. Das Foto wird in das Plakat eingebaut. Die Plakate werden aufgehängt. Anschliessend hat jeder Teilnehmer Gelegenheit, sich in dieser Ausstellung mit Kolleginnen und Kollegen zu befassen . . . sie kennenzulernen. Erfahrungsgemäss braucht diese Variante sehr viel Zeit (90-120 Min.), aber diese Investition lohnt sich. Diese Initialphase eines Kurses oder längerfristigen Projektes prägt im wesentlichen den weiteren Kursverlauf.

Liebermann *(K 84, 22. Mai)*

Das Partnerinterview kann natürlich auch für andere Zwecke eingesetzt werden, beispielsweise für die Erkundung von Einstellungen, Meinungen zu einer bestimmten Frage. Die Ergebnisse dieser Interviews werden im Plenum zusammengetragen. Eine weitere Verwendungsmöglichkeit sind Auswertungssituationen.

Collage

Was ist das?

Collage nennt man ein Klebebild, das sich aus verschiedenen Materialien zusammensetzt. In der Erwachsenenbildung kommen v.a. illustrierte Zeitungen in Frage, denkbar sind aber auch beliebige andere Gegenstände aus dem Alltag. Dieses scheinbar tote Material wird in einer Collage gestaltet, zu einer neuen Aussage umgeformt. Es kommt vor, dass eine Gruppe noch ein ganz bestimmtes Bildelement sucht, aber nirgends findet. In der Collage darf deshalb auch *gezeichnet und gemalt* werden.

Methodisch-didaktische Hinweise

Mit einer Collage kann man in ein Thema *einsteigen*. Dadurch werden die Teilnehmer aufgefordert, sich zum Thema Gedanken zu machen und sie zu artikulieren.

Eine Collage kann *mitten in einem Thema* eingesetzt werden. Damit werden die Teilnehmer angeregt, bereits Besprochenes auf eine ganz neue Weise anzugehen und wieder zu befragen.

Eine Collage kann den *Hauptbestandteil* der Arbeit an einem bestimmten Thema bilden. In einer Vorbereitungsphase werden Impulse vermittelt, welche die Teilnehmer zu einer mehrstündigen Arbeit anregen und befähigen. Das Gestaltungserlebnis kann viele Stunden verbaler Auseinandersetzung mit dem Thema aufwiegen.

Eine Collage kann *Mittel zur Selbst- und Fremdbeurteilung* sein. Sie unterscheidet sich von anderen Beurteilungen dadurch, dass die Äusserungen von Teilnehmer und Leiter völlig frei sind – sie können gegenständlich, ungegenständlich oder symbolisch sein. Auch was die einzelnen beurteilen möchten, steht ihnen frei: meine Stimmung, meine persönlichen Erfahrungen in diesem Kurs, mein Lernzuwachs, wie sich die Kursgruppe entwickelt, wie ich mich selbst in der Kursgruppe sehe, wie ich den Leiter beurteile . . .

Der wesentliche Grundgedanke der Selbst- und Fremdbeurteilung, der in der persönlichen Standortbestimmung, in der Besinnung über das stattgefundene Lernen besteht, ist auch in der Collage-Variante vorhanden:
○ Was beeindruckt mich vor allem im Kurs?
○ Was stört mich?
○ Was fand ich gut im Kurs?
○ Bin ich persönlich weitergekommen?
○ Wie fühle ich mich? Usw.

Besonders wertvoll ist die Collage-Methode deshalb, weil Antworten, Empfindungen, Gefühle schöpferisch mitgeteilt werden. Während der Entstehung der Collage können Kursteilnehmer und Kursleiter ebenso wichtige Erfahrungen sammeln. Dieser Prozess der Collage kann selbst wesentliche Klärungen bringen, indem ich vielleicht Diffuses auszudrücken versuche. Ich verlege etwas, das in mir ist, nach aussen. So kann ich es betrachten, vergleichen und darauf reagieren. Ich gewinne grössere Klarheit.

Auch für die Beurteilung mittels Collagen ist es wichtig, dass die Kursgruppe anschliessend die Aussagen auf den Kurs bezieht und entsprechende Konsequenzen realisiert.

Die Themen der Collagen können entweder durch den Teilnehmer frei gewählt oder vorgegeben werden:
● Kursteilnehmer
● Kursleiter
● Kurs als Ganzes (oder Teil)
● Entwicklung des Themas
● Entwicklung der Kursgruppe
● Mein persönliches Lernverhalten
● Befindlichkeit im Kurs usw.

Themen können sich auf das Selbst- und/oder Fremdbild beziehen – also können beispielsweise die Teilnehmer versuchen, ihr Bild von den Leitern auszudrücken, und umgekehrt.

Wichtig

Die Teilnehmer müssen wissen, warum sie während zwei Stunden Collagen verfertigen sollen. Wenn sie das Thema aus den Augen verlieren, ist die Arbeit wenig sinnvoll. Die Werke müssen nachher *besprochen* werden, sonst entsteht leicht der Eindruck, «für die Katz» gearbeitet zu haben. Anderseits stellt die Collage ein non-verbales Medium dar, das nicht durch zuviele Worte nachträglich noch zerredet werden soll. Der Leiter muss sich v.a. hüten, zu schnell seine eigenen Interpretationen einzubringen.

Vorzüge und Nachteile

Vorzüge:
○ Jeder kann's! Es gibt keine Ausrede: «Das kann ich nicht.»
○ Anregung der Phantasie, Abwechslung zur verbalen Kommunikation

○ Visualisieren eines gedanklichen Problems
○ Gruppenübung
○ Der Kursleiter wird nebenbei informiert über Probleme, welche die Teilnehmer besonders beschäftigen.

Nachteile:
○ Ziemlich grosser Zeitaufwand (mindestens zwei Stunden)
○ «Magere Ausbeute», wenn eine Collage nicht allen sofort einleuchtet, weil sie sehr persönlich sein kann.
○ Teilnehmer, die nicht genügend angesprochen sind, verbringen die Zeit mit dem Lesen der Illustrierten.

Material

● Grundpapier (billig und nützlich ist gewöhnliches Packpapier).
● Illustrierte Zeitschriften, Zeitungen (die Zeitschriften können ausgetauscht werden, auch wenn sie bereits jemand durchgesehen hat; jeder findet wieder etwas).
● Scheren (nicht unbedingt nötig, es kann auch gerissen werden!).
● Leim: z.B. Rubber-Cement (trocknet etwas rasch), Kleister, Leimstifte usw.
● Fingerfarben

Zwei-Reihen-Gespräch

Das ‹Zwei-Reihen-Gespräch› ist ein Modell für Situationen, in denen zwei entgegengesetzte Meinungen aufeinanderprallen – die Gesprächspartner jedoch eine Lösung des Problems wünschen.

Meist führen Gespräche, in denen entgegengesetzte Meinungen vertreten werden, zu ‹Ja-aber-Gesprächen›. Die zunehmende Emotionalität führt zu einer Verhärtung der Fronten und macht eine Annäherung unmöglich.

Beide Partner liefern für die eigene Meinung Argumente und versuchen, den andern davon zu überzeugen, dass er im Unrecht ist. Jeder verteidigt seinen Standpunkt, während er den Standpunkt des andern angreift.
Das Ja-aber-Gespräch kann als *zweiseitiger Monolog* bezeichnet werden. Keiner hört auf den andern, sondern vertritt nur den eigenen Standpunkt. Jeder ist taub für die Argumente des andern. Dies bringt eine Verschlechterung der Beziehung zwischen den beiden Partnern. Es tritt eine zunehmende Feindseligkeit auf.

In Zwei-Reihen-Gesprächen beginnt die Meinungsgruppe A mit dem, was die Gruppe B beschäftigt. Die Vertreter von A stellen ihre Meinungen und Argumente in den Hintergrund und beschäftigen sich (in einer akzeptierenden Haltung) mit der Meinung der Gruppe B, indem sie auf alle ihre Argumente eingehen – auch wenn sie nicht ihrer eigenen Einstellung entsprechen. Das Ziel in dieser Phase besteht darin, sich voll der Gegenmeinung zu widmen, sie zu verstehen suchen und auch die Gefühle der Vertreter der andern Meinungsgruppe als Fakten zu akzeptieren. Durch diese Zuwendung wird die Gegenseite auch aufgefordert, ihre Argumentation zu verfeinern und zu erweitern. Dies ist *die erste Reihe von Argumenten.*

Die Rollen werden getauscht. Die Meinungsgruppe B beschäftigt sich so wie oben beschrieben mit der Gruppe A. Die Zusammenfassung dieser Argumentation ergibt *die zweite Reihe.*

Anschliessend wird *eine Lösung* gesucht, die möglichst viel von den Vorteilen und möglichst wenig Nachteile enthält. Gute Lösungen zeichnen sich durch zwei Aspekte aus: 1. die Qualität und 2. den Grad der Akzeptation.

Die Grundidee dieser Methode besteht im *Verhindern einer Konflikt-Eskalation*, die dadurch zustandekommt, dass A mit einem Argument beginnt, B formuliert ein Gegenargument, A erwidert mit einem Gegenargument . . . Die beiden Gesprächspartner entfernen sich immer mehr.

Gespräche

«Wir können nicht mehr miteinander sprechen», sagte Herr K. zu einem Manne. «Warum?» fragte der erschrocken.
«Ich bringe in Ihrer Gegenwart nichts Vernünftiges hervor», beklagte sich Herr K. «Aber das macht mir doch nichts», tröstete ihn der andere. –
«Das glaube ich», sagte Herr K. erbittert, «aber mir macht es etwas.»

(Brecht 1967, XII, 385)

Malen, Zeichnen

Malen und Zeichnen als freie Ausdrucksgestaltung führen vielfach zu einer intensiven Auseinandersetzung mit der eigenen Situation: mit dem vorherrschenden Lebensgefühl, den persönlichen Ängsten, Freuden, Wünschen und Befürchtungen. Da Malen und Zeichnen konkrete, figürliche und abstrakte Darstellungen zulassen, bieten sich viele Möglichkeiten an, Spontanes, Unbewusstes, Neues, also «tieferliegendes «Material», direkt zu äussern und zugänglich zu machen.

Im folgenden möchte ich einige Durchführungsformen vorstellen.

Zu Musik malen

Bevor ein Thema strukturiert wird, bevor beispielsweise aktuelle Themen gesucht werden, kann man die Teilnehmer anregen, allein, zu zweit, zu dritt mit Fingerfarben zu malen: was jedem jetzt einfällt, was ihn im Moment beschäftigt. Dies kann schweigend oder mit Musik geschehen. Für diese Phase sollten 30-45 Min. zur Verfügung stehen, damit Teilnehmer, die Lust haben, auch noch ein zweites Bild malen können. Oft lösen sie sich nämlich erst beim zweiten Versuch von der Absicht, bekannte Muster und Klischees nachzuahmen, und finden den Mut, sich frei und schöpferisch von den Ausdrucksmöglichkeiten des Materials und von der Stimmung inspirieren zu lassen.

Der Leiter sollte die Malenden nicht beobachten. Entweder sollte er sich beteiligen oder sich sonstwie beschäftigen. Anschliessend werden die Bilder aufgehängt oder aufgestellt, kurz erläutert bezüglich Entstehung, Prozess und Aussage. Die andern Teilnehmer teilen ihre Eindrücke und Ideen mit.

Visuelle Bestandesaufnahme zu einem vorgegebenen Thema

Zuerst wird über ein Thema gesprochen, verschiedene Aspekte werden diskutiert. Anschliessend fordert man die Teilnehmer auf, ihre Erfahrungen und Vorstellungen zur Thematik in Farbe darzustellen.

Im zweiten Teil erläutert jeder Teilnehmer sein Bild, ohne dass aber gleich darüber diskutiert wird. Im Anschluss an die Äusserungen des «Malers» können Assoziationen zu den Bildern gesammelt werden – eine Art Brainstorming mit Bildern.

Malen zu einem Stichwort/Reizwort

Eine besprochene Thematik wird durch ein einfaches Stichwort (z.B. Freiheit) aktualisiert. Dann werden die Teilnehmer eingeladen, allein oder in frei gebildeten Kleingruppen Bildideen dazu zu suchen und auf grossen Papierflächen zu gestalten – mit Fingerfarben, Wachsstiften, Pinseln oder Filzschreibern. Die Teilnehmer entscheiden selbst, ob sie gegenständlich, abstrakt oder symbolisch malen wollen.

Nützlich sind vielleicht einige Anregungen, z.B. Farbbeschränkung, Arbeit mit der Symbolik der Farben, eine Bildfolge bzw. einen Ablauf darstellen oder ein Plakat für einen bestimmten Zweck gestalten usw.

Darstellung unserer Gruppe

Wie sieht unsere Gruppe aus, wenn ich sie bildlich darstellen möchte? In Einzel- oder Partnerarbeit malen die Teilnehmer die Gruppe. Meiner Erfahrung nach fördern diese Bilder die Arbeit an und in der Gruppe.

Nachdem die Bilder gegenseitig vorgestellt und mittels Einfällen, Fragen, Präzisierungen der übrigen Teilnehmer besprochen wurden, ergibt sich ein Gespräch über die Struktur der Gruppe (Zusammensetzung, Rollen, Integration von Gruppenmitgliedern usw.) und ihre Arbeitsweise, über das Befinden, über die Zufriedenheit der Mitglieder.

Dieses Vorgehen eignet sich v.a. dann, wenn die Kursteilnehmer nicht gewohnt sind, die Kursgruppe selbst zu zu thematisieren und ich als Leiter einer Veranstaltung den Eindruck habe, das wäre im jetzigen Zeitpunkt für eine Weiterentwicklung ausserordentlich wichtig.

Interaktionsbild

Das Interaktionsbild ist eine «non-verbale Übung». Sie bietet einen Einstieg in die Auseinandersetzung, in das Nachdenken über Gespräche und das Verhalten in der Gruppe. Diese Übung gibt auch Gelegenheit, sich mit den Beziehungen in einer Gruppe auseinanderzusetzen.

Teil I

Die Gruppenteilnehmer sollen die gegebene Papierfläche gemeinsam gestalten.

Regeln:

○ Während der Aktion darf nicht gesprochen werden.
○ Jeder übernimmt, soweit es ihm möglich ist, Verantwortung für die Gestaltung der Gesamtfläche.
○ Gefühle, Ideen, Fragen u.a. können während der Aktion auf bereitgelegte Blätter notiert werden.

Teil II

Beobachtungspunkte des Leiters

○ Wer ist wann, mit wem, wie initiativ?
○ Wer strukturiert?
○ Wer blockiert?
○ Wer malt wie häufig und wie?
○ Welche Rollen werden von wem übernommen?
○ Sind die Teilnehmer angespannt oder entspannt?
○ Wer behindert wen?
○ Wer arbeitet mit wem zusammen?
○ Welche Stimmungen kommen wie zum Ausdruck?
○ Wird etwas zerstört?

Verbale Auswertung

● Die Kursteilnehmer teilen ihr Erleben während der Aktion mit.
● Die Notizen auf den ausgelegten Blättern werden zur Diskussion gestellt.
● Der Kursleiter gibt seine Beobachtungen wieder, indem er zunächst die entsprechenden Fragen stellt (Selbst- und Fremdwahrnehmungen).

Allgemeines

Die anfängliche Angst «Ich kann nicht malen» ist völlig natürlich. Ich kann sie vielleicht mit dem Hinweis überwinden helfen, dass es hier nicht um Zeichenunterricht oder Mini-Kunstwerke geht, sondern dass alle auf ihre Weise und aus Freude am Ausdruck malen.

Für solche Malaktionen sollten grosse Papierflächen zur Verfügung stehen. Dies bedingt auch entsprechende Malutensilien wie Fingerfarben, breite Filzstifte, Kreiden, Wasserfarben, Plakatfarben (sind zwar sehr teuer), wasserlösliche Dispersionsfarben, breite Pinsel usw.

Mieczko (*K 82*, 2. März)

Grundsätzliche Überlegungen

Der Gebrauch von ‹Photolangage› stützt sich auf ein Grundphänomen heutiger Informationsvermittlung: Hauptinformationsträger ist das Medium ‹Bild›.

Diese Tatsache wirkt sich auf die Lerngewohnheiten der Erwachsenen aus, sie bestimmt weitgehend deren Aufmerksamkeitsverhalten.

Wenn Erfahrungen bewusst und aktualisiert werden sollen, ist das Medium ‹Bild› ausserordentlich geeignet. Erfahrungen und Erlebnisse sind komplex und daher vielfach nicht direkt in Worten weiterzuvermitteln. Im Bild wird erlebte Wirklichkeit verdichtet. Bilder ermöglichen Projektionen, d.h., ich kann Gefühle, Erlebnisse hineinlegen und dadurch den andern mitteilbar machen.

Es ist auf einige *Besonderheiten der Bildersprache* aufmerksam zu machen:
○ Das Bild vereinigt – etwa im Gegensatz zu einem gesprochenen Satz – *alle* Aspekte eines Ausschnittes der Realität im Zeitpunkt der Aufnahme. Es weist eine nichtvergängliche Struktur auf.
○ Das Bild ruft eine plötzliche, stark *subjektiv* geprägte Interpretation beim Beobachter hervor.
○ Das Bild wird von den einzelnen Individuen *verschieden* gedeutet.
○ Das Bild ist *standorts-* und *auffassungsgebunden*, es repräsentiert einen Ausschnitt der Realität, wie sie der Hersteller des Bildes sieht.
○ Bilder sind selten eindeutig, meist sind sie *ambivalent* oder gar *polyvalent*.

Bei der Vorbereitung (Auswahl von geeigneten Bildern) könnte folgendes berücksichtigt werden:
● Das Bild betrachten, wie wenn es eine nicht-figürliche Darstellung wäre, das heisst: Zukneifen der Augenlider.
  – Eindruck? Atmosphäre des Bildes?
  – Kontraste?
  – Strukturierung der Aufnahme?
● Grundgedanke des Bildes?
  – Grobe und detaillierte Betrachtung der Aufnahme
  – Das Bild durch einen Satz ersetzen.
● Der ‹Ausdruck› auf dem Bild?
  – Gesichter
  – Landschaften
  – Rahmen

– Schattierungen
– Standort des Fotografen, Blickwinkel
– Ausschnittwahl
● Sich der Wirkung des Bildes auf sich selbst bewusst werden:
  – Provokation wozu?
  – Welche Reaktionen meinerseits?
  – Welche Assoziationen? Warum?

Praxis

Die folgenden Anregungen, wie in der Erwachsenenbildung mit Photolangage gearbeitet werden kann, streben keine Vollständigkeit an. Je nach den Teilnehmern einer Veranstaltung ist eine eigene Methode zu wählen, die selbst entwickelt wurde.

Sich-Kennenlernen

Ziel:

Ich will in einer neuen Gruppe ein erstes Gespräch führen und die Mitglieder der Gruppe untereinander bekannt machen. Dazu muss der einzelne Teilnehmer Gelegenheit haben, sich selbst auszudrücken.

Aufgabe:

● Jeder sucht die Fotografie aus, die ihn am stärksten anspricht, die ihm am besten gefällt.
● Welche Fotografie würden Sie als Poster in Ihrem Zimmer aufhängen?
● Bewerten Sie die vorliegenden Fotografien mit einem Punktesystem:
  10= bestes Foto, 1= schlechtestes Foto.

Ausführung:

Die Thematik der vorgelegten Fotos ist offen. Die Fotos wandern unter den Teilnehmern von Hand zu Hand oder liegen am Boden und können ausgewählt werden.

Auswertung:

● Warum habe ich dieses Foto ausgewählt? Jeder Teilnehmer stellt seine Wahl der Gruppe vor.
● Bildnummern und Punktzahl sind notiert. Welches Bild hat die höchste Punktzahl erreicht? In welcher Reihenfolge erscheinen die anderen Fotos? Sind bereits Gemeinsamkeiten erkennbar? Vergleich in der Gruppe.

Einstieg in ein bestimmtes Thema

Ziel:

Ich will mit Bildern einen Einstieg in ein Thema herstellen. Ich möchte verschiedene Aspekte des Themas in einer ersten Gesprächsrunde zur Sprache bringen und die Meinung der Gruppe zu diesem Thema herausfinden, um die folgenden Kurssequenzen auf diese abstimmen zu können.

Aufgabe:

z.B. «Generationenkonflikt»
● Angenommen, Ihre Kinder müssten ein Foto auswählen, in dem ein Problem unserer Zeit sichtbar ist. Welches Bild würden sie auswählen?
● Ihre Kinder kaufen für Sie ein Poster. Welches Motiv würden sie auswählen?
● Über welches Bild könnten Sie am leichtesten mit den Kindern ins Gespräch kommen?

Ausführung:

Hier ist Einzelarbeit vorzuziehen, da das Verhältnis Kind-Eltern subjektiv geprägt ist.

Auswertung:

Die Auswertung erfolgt – wie bei anderen Methoden auch – meist im Gespräch. Ergebnisse aus der Übung können vielleicht für eine Unterrichtseinheit verwendet werden.

Konkretisierung eines Themas, eines bestimmten Aspektes – Abschluss eines Themas

Ziel:

Ich stehe mitten in einer Thematik und möchte einen Aspekt derselben konkretisieren.

Wir haben ein Thema umfassend bearbeitet und gestalten mittels Bildsprache eine abschliessende Zusammenfassung.

Arbeit mit Kontrastfotographien

Ziel:

Ich möchte, dass die Kursteilnehmer bestimmte Fotos genau betrachten und gleichzeitig über die darin dargestellte Problematik nachdenken. Die Arbeit mit Kontrastfotografien hilft, einen eigenen Standort zu finden und darzustellen.

Aufgabe:
● Sucht aus den vorliegenden Fotos diejenigen heraus, welche die Kontraste unseres Themas (alt–jung, Gemeinschaft–Verlassenheit usw.) am besten zum Ausdruck bringen.
● Sie zeigen ein Foto und lassen die Teilnehmer Gegensatz-Bilder suchen.
● Aus einer bestimmten Anzahl von Fotografien, die den Kursteilnehmern ungeordnet vorgelegt werden, sind zu einem Thema die Kontrastpaare zusammenzustellen.

Ausführung:

Zur Bearbeitung eines Themas mit Kontrastfotos ist umfangreiches Bildmaterial erforderlich. Neben den Bildern von ‹Photolangage› und ‹Photos Symboliques› eignen sich dafür auch Bilder aus Zeitschriften oder Fotobänden.

Auswertung:

Braucht man Kontrastfotos als Einstieg in ein Thema, so sollte jede Gruppe bzw. jeder Teilnehmer genügend Zeit haben, sein Ergebnis vorzustellen. Zudem sollte in einem solchen Fall das Ergebnis aufbewahrt oder notiert werden, damit man es im weiteren Verlauf der Arbeit noch einmal heranziehen kann.

Photolangage als Methode zur Auswertung

Ziel:

Die Kursteilnehmer und Kursleiter teilen ihre Stimmung, ihr Befinden im Kurs mittels Foto mit. Dies regt zu kreativen Assoziationen und Analogien an, die entscheidende Lernprozesse auslösen, verstärken und viele Hinweise für die Fortsetzung bzw. Neukonzeption des Kurses liefern können.

Erstellen von Bildlegenden

Ziel:

Mündlich erarbeitete Ergebnisse werden schriftlich festgehalten. Am Ende einer Themenbehandlung werden die wichtigsten Aspekte dargestellt.

Aufgabe:

Die Teilnehmer arbeiten als Redaktionsteam einer Zeitung. Sie stellen den Lesern die Kursarbeit vor. Welches Foto wählt ihr dazu aus? Welche Legende gebt ihr dem Bild?

Die Kursgruppe stellt ein Bilderprotokoll über das zusammen, was sie herausgefunden hat, und schreibt zu jedem Bild einen kurzen Kommentar.

Ausführung:

Alle drei Aufgaben können als Grupenarbeit gelöst werden. Für die zweite Aufgabe ist auch Einzelarbeit denkbar. Die Gruppen bewältigen ihre Aufgabe in unterschiedlicher Zeit.

Auswertung:

In der Auswertung werden die Bildlegenden oder -protokolle gegenseitig vorgestellt. Sind sie nachvollziehbar? Welche Reaktion löst eine bestimmte Bildlegende in mir aus? In welchem Verhältnis stehen die verschiedenen Gruppenarbeiten zueinander?

Feedback:
Feedback ist Rückkoppelung

Ich teile jemandem mit, wie er auf mich wirkt, wie ich ihn erlebe, was ich an seinen Beiträgen konstruktiv oder destruktiv empfinde, was an seinem Verhalten mich fördert, mich hindert . . .

Viele Teilnehmer in der Erwachsenenbildung sind sich aus ihrer Erfahrung/Erziehung heraus nicht gewohnt, *direkte* verbale Feedbacks zu geben. Übungen, die dies verlangen, lösen oft viel Angst aus, die zu Blockierungen oder zu Verletzungen, Kränkungen (Sprung nach vorn) führen.

Die Fotolangage ist ein gutes Mittel, einen angstfreien Einstieg in die Feedbackpraxis zu ermöglichen.

Vorgehen:

Jeder Teilnehmer wählt für jeden – oder in grossen Gruppen für jene, die ihm am nächsten stehen – ein Foto aus, das er ihm als Feedback «schenken» möchte. Dabei kann er dem Empfänger seine Assoziationen mitteilen, die ihm bei der Wahl des Bildes eingefallen sind . . . Wichtig ist dabei, dass der Feedback-Geber seine Wahl nicht begründen muss. Der Empfänger fragt nur nach, wenn er die Assoziationen überhaupt nicht begreift. Weiter ist wichtig, dass über die Fotos nicht diskutiert wird (die ‹Rationalisierung› ist ein Abwehrmechanismus im Freud'schen Sinne).

Da sich die menschliche Wahrnehmung in Polaritäten bewegt (z.B. gut–schlecht, hell–dunkel), bietet sich auch die Möglichkeit an, für jeden Teilnehmer zwei Fotos zu wählen. Diese bilden quasi zwei Pole, zwei Seiten, vielleicht auch zwei Extreme, wie ich andere wahrnehme. Vorgehen wie oben.

Wichtig ist bei dieser Anwendung, dass die Fotos möglichst *intuitiv* ausgewählt werden und nicht kausale Kriterien vorherrschen – wie z.B.: ich weiss von einem Teilnehmer, dass er gerne Gitarre spielt, und ich bin nun versucht, ein Foto zu suchen, wo jemand dieses Instrument spielt; oder ich habe festgestellt, dass jemand ein grosses Auto fährt und ich suche ein entsprechendes Foto usw.

Besonders zu beachten

‹Photolangage› ist kein Allerweltmittel. Man kann diese Methode brauchen, um den Kontakt in einer Gruppe zu erleichtern, um gewisse Dinge, über die man diskutiert, zu konkretisieren oder um eine Diskussion herbeizuführen. Aber es ist klar, dass ‹Photolangage› ins Ganze einer Veranstaltung oder eines Kurses eingebettet sein muss. Braucht man ‹Photolangage› zu oft, so werden die Kursteilnehmer dieser Methode – wie anderer auch – überdrüssig.

Die Anzahl der vorzulegenden Fotografien korrespondiert mit der Gruppengrösse. Je nach Absicht lässt man dem Teilnehmer wenige oder eben weitere Alternativmöglichkeiten. Will man einen Aspekt eines Themas besonders herausarbeiten, so wird man höchstens pro Teilnehmer ein Foto vorlegen. Bei einer neuen Kursgruppe, die sich besser kennenlernen will, empfiehlt sich, pro Teilnehmer etwa 2 Fotos bereit zu haben, damit er über genügend Alternativen verfügt. Dabei sollte die Thematik der Bilder möglichst verschieden sein.

Quellen:

Babin, P.; Belisle, C.; Baptiste, A: Valeurs en discussion. Editions du Chalet 1972

Babin, P.; Belisle, C.; Baptiste, A: Situations – Limites. Editions du Chalet 1974

Belisle, C.; Baptiste, A: Travail, Economie, Loisirs, Relations humaines. Editions du Chalet 1978

Belisle, C.; Baptiste, A: Formation et developpement personnel. Editions du Chalet 1979

Belisle, C.; Baptiste, A: Femmes en devenir. Editions du Chalet 1980

Babin, P.; Belisle, C.; Baptiste, A; Lonjarret, G.: Groupes. Editions du Chalet 1980

Die Blitzlicht-Foto ist eine Momentaufnahme in einem Raum, der zu diesem Zweck erhellt wird. Das Blitzlicht als Methode (im erwachsenenpädagogischen Zusammenhang) dient ebenfalls einer Momentaufnahme: *erhellen, was im einzelnen Kursteilnehmer vor sich geht,* sein Befinden, seine Präsenz, seine momentanen Einstellungen, Wünsche auf den Kurs bezogen.

● Jedes Gruppenmitglied wird aufgefordert, sich kurz zu äussern. Es ist wichtig, dass sich möglichst alle äussern.
● Im anschliessenden Gespräch können Tendenzen, Probleme, Wünsche aufgegriffen und hinsichtlich Veränderungsmöglichkeiten besprochen werden.

Diese Methode eignet sich auch für kurze Zwischenauswertungen, für die Besprechung von aufgestauten Problemen, wenn «dicke Luft» herrscht, bei Spannungen – um Störungen auf der Ebene des Gruppenprozesses transparent zu machen.

H. Heuberger *(SLZ 1981, 90)*

Die Mitglieder werden gebeten, aus der momentanen Sitzordnung heraus Sechsergruppen zu bilden, und während 6 Minuten eine bestimmte Frage zu beantworten oder (im Anschluss an einen Vortrag) Fragen zu stellen, Einwände zu einer Behauptung zu formulieren usw.

Diese Methode wird auch ‹Bienenkorb› genannt. Diese Bezeichnung entstand aus den Sprechgeräuschen verschiedener Gruppen im gleichen Raum.

Im Anschluss an diese Gespräche erstatten die verschiedenen Gruppen Bericht im Plenum.

Einsatzmöglichkeiten

● zur Aktivierung der Teilnehmer
● zur Verarbeitung nach Informationsphasen
● zur Auswertung von Kurssequenzen
● für Rückmeldungen (Feedback)
● Sammeln von Reaktionen

Kugellager

Die Kursteilnehmer stellen sich in einem inneren und in einem äusseren Kreis auf, so dass sie sich paarweise gegenüberstehen. Nun fragen sich die Partner gegenseitig nach ihrer Meinung zu einer bestimmten Frage oder nach der Begründung für eine Entscheidung. Der Interviewer merkt sich jeweils einen bezeichnenden Satz, eine charakteristische Meinung oder eine Begründung des von ihm Befragten. Nach etwa 3 Minuten dreht sich der äussere Kreis um ein paar Glieder nach rechts; das Interview beginnt von neuem. Dann bleibt der äussere Kreis stehen und der innere dreht sich nach rechts, um das Interview zu wiederholen . . . (beliebig variierbar).

Dann setzen sich alle hin. Nun kann jeder die Aussagen, die er sich gemerkt hat, ins Plenum einbringen.

Diese Methode ist für Auswertungsgespräche, für Phasen von Meinungsbildung und -austausch geeignet.

Podiumsgespräch

Mehrere Personen mit Spezialkenntnissen diskutieren zwanglos vor einer Gruppe über ein bestimmtes Thema. Die beigezogenen Fachleute (2-5) sollten möglichst *unterschiedlicher* Herkunft und Meinung sein.

Podiumsgespräche werden meistens für ein grösseres Publikum organisiert. Sie dienen oft als Veranstaltungen zur Meinungsbildung vor wichtigen Wahlen oder Abstimmungen.

Werden Podiumsgespräche in Kurse oder sonstigen Veranstaltungen eingeplant, so ist es vorteilhaft, wenn der Leiter die Veranstaltung mit Vertretern der Teilnehmer *gemeinsam* vorbereitet. Auch ist es empfehlenswert, in einem 2. Teil des Podiumsgesprächs das Podium zu öffnen. Hier gibt es verschiedene Möglichkeiten:

Es werden zwei Stühle mehr ins Podium gestellt, die phasenweise Personen aus dem Publikum benützen können, wenn sie das Wort ergreifen wollen. Die Kursteilnehmer stellen Fragen an bestimmte Fachleute, die im Podium sitzen und/oder kommentieren deren Antworten.

Der Leiter des Podiumsgesprächs gibt zu Beginn das Thema bzw. die Problemstellung bekannt. Er stellt die Fachleute, die sich am Podium beteiligen, vor. Er leitet das Gespräch straff und transparent, fasst oft zusammen und ist für den «roten Faden» verantwortlich. Er achtet im weiteren auf die Zeit. Er fasst am Schluss die wichtigsten Ergebnisse zusammen und öffnet (am besten nach einer Pause) das Podium und gibt die Gesprächsregeln bekannt.

Ein gutes Podiumsgespräch, in dem nicht Monologe gehalten und Kurzreferate ab Manuskript gelesen werden, ist äusserst anregend, da die unterschiedlichen Meinungen die Zuhörer aktivieren. Gerade deshalb ist es meiner Ansicht nach wichtig, dass sich die aktivierten Zuhörer auch in die Diskussion einbringen können.

Debatte

Die Debatte englischen Stils kann als Parlaments-spiel bei konfliktgeladenen Themen mit Entschei-dungscharakter (pro/kontra) eingesetzt werden. Es gibt *eine Pro-Gruppe* und *eine Kontra-Gruppe,* je einen *Hauptsprecher* und einen *Sekundanten.*

Der *Leiter* enthält sich der Diskussion und wacht über die Einhaltung der Regeln.

Ablauf

● Der Hauptsprecher der Pro-Gruppe beginnt. Er stellt die *These* auf und untermauert sie mit den wichtigsten Argumenten (max. 10 Min.).
● Der Hauptsprecher der Kontra-Gruppe bestrei-tet die These, indem er alle Argumente entkräf-tet und seine *Antithese* aufstellt.
● Der Sekundant der Pro-Gruppe unterstützt die These.
● Der Sekundant der Kontra-Gruppe unterstützt die Antithese.
● Das Publikum hat das Wort, Redezeitbeschrän-kung (max. 3 Min.). Jeder Teilnehmer darf nur 1 Mal reden und hat für die These bzw. Anti-these Stellung zu nehmen. *Vermittlungsvoten haben keinen Platz!*
● Der Leiter schliesst die Debatte, indem er dem Hauptredner der Kontra-Gruppe Gelegenheit zu einem *Schlusswort* gibt Anschliessend hält die Pro-Gruppe ihr Schlusswort.
● Der Leiter führt *die Abstimmung* durch.

Die Debatte birgt die Gefahr in sich, dass die bei-den Standpunkte polarisiert werden. Sie begün-stigt einseitig die Redegewandten und aktiviert die Streitlustigen. Sie sollte vor allem als Spielform zum *Sammeln von Argumenten* eingesetzt werden, zum *Einüben der Argumentierfähigkeit* (wichtig für Initiativgruppen) und zum *Herausarbeiten gegen-sätzlicher Standpunkte.*

Die Debatte bietet eine gute Möglichkeit, *Erfahrun-gen in dialektischem Denken* zu sammeln, d.h., Spannungen zwischen These und Antithese nicht durch Abstimmung aufzulösen, sondern durch eine Synthese (eine neue Qualität).

Beispiel:

Ein Ehepaar steht vor 4 wöchigen Ferien. Der Mann bevorzugt die Berge, die Frau das Meer:

○ *These:* Ferien in den Bergen
○ *Antithese:* Ferien am Meer
○ *Synthese:* Ein neues gemeinsames Ziel. Beginn mit dem Bau eines Eigen-heims

Karikaturen

Dieses Kapitel zeigt einige Möglichkeiten, wie in der Erwachsenenbildung mit Karikaturen gearbeitet werden kann.

Karikatur heisst eigentlich «Überladung». Karikaturen enthalten oft Zerr-, Spottbilder, sind übertriebene, komisch bis verzerrte Darstellungen charakteristischer Eigenarten von Personen oder Sachen.

Da sich Karikaturen auf absolut Wesentliches beschränken, sind sie meist sehr dicht, eindeutig und somit für viele Betrachter provokativ. Sie fördern die Motivation, sich mit einem bestimmten Thema zu beschäftigen. Je nach Wahl der Karikaturen führen sie zu Polarisierungen in Gesprächen, beinhalten Selbstanklagen (die meist abgewehrt werden müssen), bieten Möglichkeiten zur Reflexion oder sind geeignet, das Gespräch über ein bestimmtes Thema zu eröffnen.

Beispiele: s. die folgenden 4 Abb.

Selbstverständlich können alle Varianten für Gesprächseinstiege verwendet werden – ich sollte mir nur im klaren sein, welche Dynamik in einer Karikatur vorhanden ist bzw. bei verschiedenen Betrachtern ausgelöst werden kann:
○ Was wird in mir angesprochen?
○ Was könnte in andern Personen angesprochen werden?

Anstoss zur Reflexion

Rencin (K 82, 1. Januar)

Polarisierungen

Jujka (K 82, 24. März)

Selbstanklage

Vonderwerth *(K 82*, 2. Oktober)

**Impuls
für ein bestimmtes
Gespräch**

Liebermann
(K 82, 30. Juni)

*«Ich würde mich schämen, meinem Sohn
einen derart niedrigen Intelligenzquotienten vererbt zu haben!»*

Methodisches

Vorgabe

- Kopien verteilen
- Vergrösserungen für Gruppenarbeit herstellen
- Folien (bei guten, deutlichen Strichzeichnungen)
- Diapositive

Als Themeneinstieg

● Die Anwesenden setzen sich in Gruppen und assoziieren zur vorliegenden Karikatur.
● *Fragestellung:* «Was fällt Ihnen ein, wenn Sie diese Zeichnung betrachten?»
● «Versuchen Sie alles, was Ihnen in den Sinn kommt (möglichst ohne zu zensieren oder sich gegenseitig in der Gruppe zu bewerten) auf einen grossen Papierbogen zu schreiben!»
● Diese Plakate werden nach der Gruppenarbeit im Plenum aufgehängt. Anschliessend könnte ein Kurzreferat über Beurteilung und Selektion in der Schule erfolgen.
● Als *Vertiefung/Weiterführung* könnte ich mir denken:
– Ganz bestimmte, aktuelle Fragestellung des Lehrers für eine weitere Gruppenarbeit . . . oder
– die Assoziationsplakate könnten unter den Gruppen vertauscht und diskutiert werden . . . oder
– aufgrund der Plakate und Lehrinformationen können Folgerungen für Lehrer, Eltern und Schüler in Gruppen herausgearbeitet werden . . . u.a.m.

● Die Anwesenden werden aufgefordert, in Gruppen einen Text, der in die Denk- bzw. Sprechblasen passt, zu schreiben.
● Die Texte der veschiedenen Gruppen werden gegenseitig vorgestellt.

Aus der Verschiedenheit der Aussagen entstehen Spannungen, die zu interessanten Gesprächen führen.

Unbekannt
(*K 82*, 10. August)

Hogli (*b:e 1980*, Juni, Titelblatt)

Karikatur ohne Titel

- In Gruppen wird versucht, einen passenden Titel zu finden.
- Aus den Begründungen der verschiedenen Titelvorschläge entstehen Gespräche.

[Unbekannt]
(K 82, 29. Oktober)

Illustrationen

Karikaturen können auch als Illustrationen verwendet werden, um ein Thema zu verdeutlichen.

z.B. *Erziehungsstile:*

Freie Entfaltung der Persönlichkeit   *(Marcks 1977, 38)*

Rauschenbach

Rauschenbach (*K 82*, 26. Januar)

Gaymann
(K 82, 22. Dezember)

Farris *(K 82*, 5. November)

*«Stört uns nicht. Dies ist unsere einzige
glückliche Stunde am Tag!»*

Als Interventionsmöglichkeit

Wenn ich beispielsweise àls Lehrer einen ersten Elternabend plane, kann ich mir vorstellen, welche Probleme unter Umständen auftreten werden. Indem ich einige dazu passende Karikaturen zusammenstelle, schaffe ich Thematisierungsmöglichkeiten. So kann ich ganz bestimmte Probleme vorwegnehmen, kann sie abschwächen, verhindern – oder durch bestimmte Regelungen, die gemeinsam vereinbart werden, lösen.

Die vorgestellten Arbeitsmöglichkeiten mit Karikaturen sind als Anregungen gedacht. Sie lassen sich beliebig erweitern und mit andern Methoden dieses Buches kombinieren.

Cork *(b:e 1973*, Dezember, 67)

Problem von vielen Elternabenden: ...

... die Mehrzahl der Eltern ist passiv, ...

Marcks
(b:e 1978, März, 72-75)

... am Ende findet die Diskussion nur als Dialog statt.

Rollenspiel

Rollenspiel ist eine Art von «Einübung in die Wirklichkeit». Es gibt den Mitgliedern in Gruppen Gelegenheit, problematische Ereignisse noch einmal zu erleben, das Geschehen zu reflektieren und zu überlegen, was passiert wäre, wenn man andere Lösungen gewählt hätte.

Oder wir wissen, dass ganz bestimmte Probleme auf uns zukommen. Im Rollenspiel können wir problembezogen verschiedene Verhaltensweisen und Lösungsmöglichkeiten ausprobieren.

Solche Übungen schaffen Gelegenheit, unter «straffreien» Bedingungen aus eigenen Fehlern zu lernen, und zwar in einer Situation, in der die mitfühlende Hilfe der Gruppenmitglieder erfahrbar wird. Wenn wir mit Bekannten über eine fällige Entscheidung diskutieren, liefern ihre Bemerkungen und Einsichten oft bessere Alternativen als die bereits erwogenen, weil die Hinzunahme der Erfahrungen und Sensibilität anderer einen weiteren Horizont ergibt und zu produktivem Denken verhilft.

Verschiedene Rollenspiele

● Darstellung eines genau umschriebenen Falles im Rollenspiel: Im *informellen* Rollenspiel schildert der Kursleiter einen Fall kurz vor der ganzen Gruppe und bittet dann einige Teilnehmer, ihre Darstellung zu improvisieren.
● Im *formellen* Rollenspiel schildert man allen Spielern den Fall. Jeder Spieler erhält alsdann auf einem Blatt seine genaue Rollenanweisung (z. B. Fritz Müller, 45 Jahre alt, ist Vater von Max . . .), die er *vor* dem Spiel durchlesen soll.
● Einführung eines genau umschriebenen, aber ungelösten Problems *(Problemgeschichte zum Weiterspielen):*
In Gruppen wird Material gesammelt, die Rollen werden verteilt, im Spiel wird eine Lösung gesucht – entweder vorbereitet oder improvisiert.
● Einführung eines offenen, erfahrungsbezogen formulierten Themas:
Zuerst werden Erfahrungen und Problemgeschichten zum Thema gesammelt. Nachdem die Gruppe das zusammengetragene Material gesichtet und verglichen hat, wird eine Szene ausgewählt, und die notwendigen Rollen werden beschrieben. Das Spiel wird vielleicht in der Gruppe kurz skizziert. Das eigentliche Rollenspiel findet im Beisein aller Kursteilnehmer statt.

● Eine Spezialform des Rollenspiels ist der *Rollentausch.* In einer kleinen Gruppe, die beispielsweise Schwierigkeiten in der Zusammenarbeit hat, werden die Namen bzw. Personen vertauscht, und die unterbrochene Arbeit geht weiter, wobei jeder als andere Person mitarbeitet.
Diese Form sollte aber nur angewendet werden, wenn die Teilnehmer *Erfahrung im direkten Feedback* haben. Der Sinn dieser Übung liegt darin, dass wahrgenommenes Verhalten gespiegelt und die Fähigkeit entwickelt wird, sich in den andern hineinzuversetzen.

Wichtig

Alle Rollenspiele müssen besprochen und ausgewertet werden. Dies ist so wichtig wie das Spiel selbst und muss darum in die Zeitplanung einbezogen werden.

Die ‹Zuschauer› befinden sich nicht im Theater, sondern erfüllen ganz bestimmte *Beobachtungsaufgaben,* beispielsweise:
○ Wie wurde argumentiert?
○ Wird ein Konflikt durch Unterwerfung, Verständigung oder Kompromis zu lösen versucht?
○ Was passiert in mir während des Rollenspiels?
○ Wie haben die verschiedenen Rollen auf mich gewirkt? Usw.

Überall dort, wo ein einfühlendes, erforschendes Lernen angestrebt wird, wo es um Einstellungen, Vorurteile, um Bewusstwerden geht, eignet sich das Rollenspiel ausgezeichnet. Es bietet Möglichkeiten zur Vergegenwärtigung (Realitätsnähe) und zum Ausdruck komplexer Erfahrungen, Meinungen und Verhaltensweisen.

F. K. Waechter *(B 82,* 3. Juli)

Analogien

Das Entwickeln von bildhaften Analogien fördert schöpferisches Denken. Die Analogiemethode wird mit Vorteil als Einstieg für Problemlösungsversuche und Auswertungen eingesetzt.

Anwendungsmöglichkeiten:
○ Einstieg in ein neues Thema
○ Suchen von Lösungsformen
○ Erkennen von Zusammenhängen
○ Auswertung eines Kurses/Projektes

Beispiel

Problem: Ein Kursteilnehmer dominiert im Kurs, stellt viele Fragen und weiss viel.
– Wie kann man ihn bremsen, ohne ihn zu verletzen?
– Wie wird für ihn erfahrbar, wie sein Verhalten auf die andern Teilnehmer wirkt?

Die Kursteilnehmer teilen in Bildern mit, wie das Verhalten des Vielredners auf sie wirkt.

«Du kommst mir jetzt gerade vor wie . . .
. . . ein Fuchs im Hühnerhof.»
. . . ein Boxer im Ring.»
. . . die Schlange, die ein Kaninchen fixiert.»
. . . ein Bohrer auf dem Zahn.»
. . . das schreiende Kind in einer Stadtwohnung.»
. . . eine Stahlbürste im Schuhputzzeug.»
. . . ein Nüsschen-Esser im Kino.»

Regeln zur Durchführung
● Erklären Sie anhand von Beispielen, was bildhafte Analogien sind. Verwenden Sie als Beispielvorgabe jedoch *nicht* die Situation, zu der nachher Stellung genommen werden soll.
● Geben Sie als fiktives Beispiel eine positive und eine negative Analogie vor.
● Lassen Sie die Metapher immer zuerst schriftlich als Einzelarbeit machen. Nur so behält sie ihre Wirksamkeit als schöpferische Methode.
● Machen Sie möglichst alle notierten Analogien der ganzen Gruppe zugänglich. Wichtige gehen sonst verloren, oder völlig unterschiedliche sind nicht mehr erfassbar.
● Die gefundenen Bilder sollen von ihren Schöpfern nicht nachträglich erklärt oder begründet werden. Stehen lassen!

Analogien am letzten Kurstag (Beispiel aus der Praxis)

«Ich ha mi gfühlt wie n'es Wäschpi underem Tuume.»
«Vil isch mer no öppe so klar wie n'e Erbsesuppe.»
«D'Gruppenarbet isch mer vorchoo wie en Vogelschwarm.»
«Für mii isch de Kurs gsii wie en Wadechrampf, wo sich langsam löst.»
«Am Obig si mer mängisch gsi wie toti Flüge.»
«D'Kursarbet isch mer mängisch vorcho wie de ufstiigend und abnämend Mond.»
«I ha mi gfühlt wie e knickti Rose, wo en Stab überchonnt.»
«De Leiter hät chrampfet wie n'es Tier.»
«D'Abreis isch wie en Schprung is Wasser.»

Yrrah *(K 82, 14. Juli)*

Graffiti

Diese Übung kann zu Beginn eines Seminars oder eines längeren Kurses die momentanen, unter Umständen sehr globalen Erwartungen und Befürchtungen bewusst machen und so *die Anfangsstimmung klären* helfen. Sie lässt sich auch leicht an ein anderes Verfahren zur Themenfindung anschliessen oder eben ganz zu Beginn einsetzen, wenn man wartet, bis alle Teilnehmer da sind.

Man schreibt auf einen Papierbogen, den man an die Wand hängt oder in die Mitte auf den Boden (oder Tisch) legt, einen Satzanfang, den die Teilnehmer mit den bereitliegenden Filzschreibern vollenden können.

Beispiel

● Dies wird ein erfolgreicher Elternabend, wenn . . .

● Dies wird eine miese Veranstaltung, wenn . . .
● Ich hoffe, wir werden hier . . .
● Ich hoffe, wir werden hier nicht . . .

S. *Grom 1976,* 122.

Smily

In der Erwachsenenbildung ist es sehr wichtig, Veranstaltungen auch auszuwerten. Die Auswertung bezieht sich immer auf das Vergangene und auf das Zukünftige. Die vergangene Veranstaltung hat immer eine Wirkung auf zukünftige, indem Lernen immer mit Stimmungen bzw. Wohl- und Unwohlsein verknüpft wird. Denken Sie einmal kurz an Ihre eigene Schulzeit zurück!?!

Eine Methode, die fast keine Zeit beansprucht, besteht darin, ganz grob *die Grundstimmung der Teilnehmer* zu erheben. Manchmal ist es wertvoll, diese Erhebung auch mitten in einer Veranstaltung durchzuführen – quasi als Motivationsstütze – oder um einen Konflikt zu thematisieren.

Vorgehen:

Auf einem grossen Bogen Papier sind die drei abstrakten Gesichtsausdrücke aufgezeichnet. die Teilnehmer werden nun aufgefordert, je nach ihrer Grundstimmung ihren Eintrag zu machen (Striche oder Selbstklebepunkte).

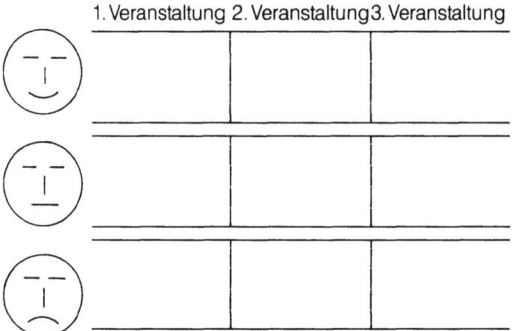

Das Resultat braucht nicht ausgezählt zu werden – es ist für alle ersichtlich. Eine Besprechung kann Präzisierung und interessante Aufschlüsse bringen.

In einer sequentierten Veranstaltung (z.B. mehrere Abende) kann so auf einfache Weise ein *Prozessverlauf* festgehalten werden.

Eine etwas differenziertere Variante bietet der ‹Stimmungs-Barometer›.

Stimmungs-Barometer

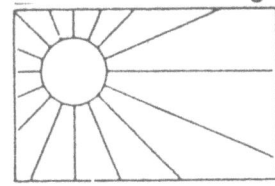

(Piktogramme aus *Tages-Anzeiger*)

Blick zurück!

J. Brühwiler *(Brühwiler 1977, 121)*

Stummer Dialog

An der Wandtafel (oder auf einem grossen Pack-papier) stehen 3 Kolonnen mit folgenden Über-schriften:

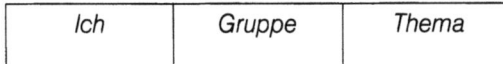

Ich	Gruppe	Thema

Teilnehmer und Leiter der Veranstaltung sitzen im Halbkreis davor.

Wer will, schreibt Bemerkungen, Kommentare in die entsprechenden Kolonnen. Es darf auch gezeichnet werden. Jeder Teilnehmer (auch Kurs-leiter) kann nun auf Gezeichnetes und Geschriebe-nes eingehen. Aber es gilt die eiserne Regel: Es darf nichts gesprochen werden! Diese Regel dient dazu, dass nicht gleich alle Einwände oder Vor-schläge kritisiert oder entwertet werden.

Dieser Dialog ist z.B. einsetzbar, wenn sich nur noch wenige Teilnehmer aktiv mit den (Sach-) Thema beschäftigen. Lernen geschieht immer ganzheitlicher als wir meinen: ‹Ich› und ‹die Gruppe› spielen dabei eine wesentliche Rolle. *Die beste Motivation ist die Betroffenheit:* Was habe ich, was haben wir mit dem Thema zu tun? Es ist wichtig, uns das immer wieder zu vergegenwärti-gen und nach der eigenen Betroffenheit zu fragen.

Für Auswertungsphasen mittels dieser Methode empfiehlt sich folgendes Vorgehen:

- Ich lege ein grosses Papier (etwa 5×2 m) auf den Boden und teile es in 4 gleiche Teile ein: Inhalt / Prozess / Teilnehmer / Leiter. Aussagen im Sinne der *Selbst*beurteilung erfolgen in roter Farbe und Aussagen im Sinne der *Fremd*-beurteilung in schwarzer Farbe.
- Die *verbale Auswertung* erfolgt in den Schritten:
  - Gemeinsames Betrachten – wirken lassen
  - Fragen bei Unklarheiten
  - Kommentar
  - Weiterplanen

Im weiteren eignet sich der stumme Dialog auch für den *Einstieg* in neue Themen:
○ Was wissen wir darüber?
○ Was halten wir davon?
○ Was kommen uns für Assoziationen, Gefühle, Urteile?
○ Wo haben wir darüber gehört, gesprochen usw.?

Für diese Methode brauchen Sie etwa 30-45 Min. Zeit. Bis der eigentliche Dialog in Gang kommt, braucht eine Gruppe meistens 15-20 Min.

Siehe *Brühwiler 1977,* 59f.

Expertenbefragung

Im Vergleich zum Referat ist die Expertenbefragung eine *aktivierende* Methode. Eine Kursgruppe oder Projektgruppe arbeitet sich in ein Problem bzw. einen Themenbereich ein und formuliert aus den gewonnenen Erfahrungen und Kenntnissen heraus Fragen an Experten. Die Gruppe kann den Experten an seinem Arbeitsort besuchen oder zu sich einladen. Viele Sachverständige sind für diese Form von Mitarbeit leichter zu gewinnen als beispielsweise für einen Vortrag, der viel zeitaufwendiger und «nicht jedermanns Sache» ist.

In der Vorbereitung sollte auch berücksichtigt werden:

○ Wer eröffnet das Gespräch? Und wie?
○ Wer stellt die Fragen? Werden Zusatzfragen vorbereitet oder organisiert?
○ Wer unterbricht den Sachverständigen, wenn er abschweift oder trotzdem ins Referieren kommt?
○ Wie werden die Fragen formuliert – sind sie offen oder geschlossen oder gar suggestiver Art?
  Erstellen eines Frage-Leitfadens.
○ Zielsetzung des Gesprächs
○ Dauer des Gesprächs und Abschliessen des Gesprächs
○ Wenn die Expertenbefragung mit einer Besichtigung gekoppelt ist, kann grundsätzlich gleich verfahren werden. Günstig wäre es, wenn der Besichtigungsablauf bekannt ist, bevor die Expertenbefragung vorbereitet wird, z.B. wenigstens durch telefonische Vorbesprechung.

Anhörkreis

Viele Erwachsene und auch Jugendliche wagen deshalb keine persönlichen Gedanken und Gefühle zu äussern, weil *sofort* darüber diskutiert wird. Mit Diskussion ist hier meist Konfrontation, Kritik gemeint und nicht Verstehen.

● Um vor der kritischen Auseinandersetzung angstfreie, persönliche Äusserungen und gegenseitiges Verstehen zu fördern, kann man bei erfahrungsbezogenen Themen für die erste Gesprächsphase die Spielregeln aufstellen, dass zuerst jeder reihum einfach sagt, was er meint und empfindet, wobei nur Verständnisfragen zugelassen sind.

Stellungnahmen sind erst in der zweiten Phase vorgesehen.

Siehe *Grom 1976, 54.*

Ryba *(K 82,* 4. Februar)

Die grundlegende Spielregel besagt, dass in der ersten Runde des Gespräches jeder Teilnehmer ganz spontan und unzensiert seine Einfälle und Ideen äussern soll. Diese werden gesammelt und erst in einem zweiten Arbeitsgang nach Wichtigkeit, Realisierbarkeit und Treffsicherheit beurteilt und geordnet.

Spielregeln

● In der ersten Runde (30-45 Min.) wird weder kritisiert noch kommentiert.
● Freies Gedankenspiel: je ungezwungener die Einfälle, desto besser.
● Es kommt auf die Menge an. Je grösser die Anzahl der Vorschläge, desto wahrscheinlicher, dass unter ihnen ein «Gewinner» ist.
● Eine Idee regt wieder eine neue an, verschiedene Ideen werden zu einer neuen kombiniert usw. Die Kreativität wird angeregt.

Diese Methode ist ganz auf die Lösung praktischer Probleme ausgerichtet: Werbeaktionen, Verbesserung in einem Kurs, Sammeln und Formulieren von Themen und Lernzielen, Sammeln von Erfahrungen, Problemen, Einstellungen, Stoffsammlung für Rollenspiel usw.

Die Grundregeln des Brainstormings helfen den Mitgliedern einer Gruppe, auch dann risikolos ihre Gedanken und Gefühle bewusst zu machen und zu äussern, wenn sie noch wenig sicher sind, ob sie einander vertrauen können, denn nach den Regeln kann niemand direkt für seine Äusserung verantwortlich gemacht werden.

Vorgehen

● Erklären der Spielregeln
● Protokollschreiber bestimmen oder Tonbandaufnahmen machen
● Fragestellung/Thema bekanntgeben, Zeitbegrenzung festlegen
● Durchführung
  Leiter achtet auf die Einhaltung der Regeln.
● Auswertung
  Kriterien:
  – Wichtigkeit (W)
  – Realisierbarkeit (R)
  – Treffsicherheit (T)
  Jeder Teilnehmer hat drei Kleber (W/R/T) und verteilt sie auf die Vorschläge bzw. Einfälle. Anschliessend kann eine Rangliste erstellt werden.

Variationen des klassischen Brainstormings

Werneck/Ullmann (1973) beschreiben verschiedene Abwandlungen des klassischen Brainstorming (Ebd., 20ff.). Einige sind im folgenden dargestellt:

Anonymes Brainstorming

Bevor die Lösung eines Problems diskutiert wird, sammeln die Teilnehmer Problemlösungen. Sie schreiben alle Einfälle auf Zettel (1 Idee pro Zettel). Der Leiter trägt anschliessend eine Idee nach der andern vor und versucht, mit der Gruppe die einzelnen Lösungsansätze weiterzuentwickeln.
▶ Empfehlung: Gruppe von 4-7 Teilnehmern
            Dauer 50 Min.

Didaktisches Brainstorming

Der Leiter bereitet die Problemstellung vor. Er führt die Teilnehmer schrittweise an das Problem heran, d.h., es werden sukzessive mehr Informationen zum Problem vermittelt. In jedem Stadium wird ein Brainstorming durchgeführt. Durch dieses Vorgehen wird verhindert, dass sich die Teilnehmer voreilig auf Lösungen festlegen.
▶ Empfehlung: Gruppe von 4-7 Teilnehmer.

Imaginäres Brainstorming

Einige Bedingungen des zu lösenden Problems werden radikal geändert, um die Teilnehmer von festgefahrenen Problemlösungs-Vorstellungen zu entlasten, beispielsweise bei einem Disziplinsproblem in einer Schulklasse, das mit Eltern besprochen wird: die Klasse halbieren, Aufhebung von Strafen u.ä.
▶ Empfehlung: Gruppe von 4-7 Teilnehmern
            Dauer 50 Min.

SIL-Methode
(SIL = Sukzessive Intergration von Lösungen)

«Die Gruppenmitglieder notieren zunächst eine Zeitlang ihre Lösungsansätze. Ein Teilnehmer beginnt mit dem Vortrag seiner Lösungsidee. Dann erläutert der nächste seine Lösung. Aus beiden Lösungen wird in der Gruppe eine neue Version entwickelt, die möglichst die Vorzüge von beiden enthält. Mit dem dritten Lösungsvorschlag wird ebenso verfahren. Eine nachfolgende Lösung braucht nicht integriert zu werden, wenn sie in allen Punkten schlechter ist. Ist eine Lösung

in allen Punkten besser, dann wird sie voll übernommen.» *(Werneck/Ullmann 1973, 21)*
▶ Empfehlung: Gruppe von 4-7 Teilnehmern
           Dauer 45 Min.

Methode 635 (Vgl. u. S. 74: *Methode 365*)

«Jeder Teilnehmer trägt in ein Formular drei Lösungsvorschläge ein, hierfür sind 5 Min. vorgesehen. Dann gibt er sein Formular an seinen Nachbarn weiter. Dieser nimmt die Lösungsansätze seines Vorgängers zur Kenntnis und trägt drei weitere Lösungen ein. Nach weiteren 5 Min. werden die Formulare wieder ausgetauscht. Das Verfahren ist beendet, wenn jeder Teilnehmer jedes Formular bearbeitet hat.» *(Ebd., 22)*
▶ Empfehlung: Gruppe von 6 Teilnehmern
           Dauer 40 Min.

Brainwriting-Pool

Die Problemstellung wird bekanntgegeben oder erarbeitet. In der Mitte des Tisches – im ‹Pool› – liegt ein Blatt mit mehreren Lösungsvorschlägen. Jeder Teilnehmer trägt nun auf ein Blatt, das ihm abgegeben wird, seine Lösungsideen ein. Keine Zeitbeschränkung!

Wem nichts mehr einfällt, der legt sein Blatt in den ‹Pool› und nimmt ein anderes heraus. Durch die vorliegenden Lösungsvorschläge kann er sich neue Lösungsvorschläge einfallen lassen. Anschliessend kann er dieses Lösungsblatt im ‹Pool› wieder austauschen usw., bis annähernd alle Blätter gefüllt sind – oder die Zeit vorbei ist (zum weiteren Vorgehen s. u. S. 69).
▶ Empfehlung: Gruppe von 4-8 Teilnehmern
           Dauer 40 Min.

Kärtchenbefragung

«Die Teilnehmer notieren Ideen zum Problem auf Kärtchen. Die Niederschriften bleiben anonym. Die Kärtchen werden nach der Befragung zunächst grob nach den verschiedenen Grundideen und dann innerhalb der einzelnen Gruppen nach Zusammenhängen geordnet.» *(Ebd., 23)*
▶ Empfehlung: Gruppe von 4-10 Teilnehmern
           Dauer 40 Min.

Trigger-Technik (Auslöser)

Jeder Teilnehmer hat 4 Min. Zeit, um seine Problemlösungs-Ideen stichwortartig aufzulisten. Die Teilnehmer tragen anschliessend der Reihe nach ihre Listen mit den Ideen vor. Gleiche Ideen werden nicht wiederholt. Die Teilnehmer notieren sich neue Lösungsvorschläge, die ihnen während dem Vortragen der Ideen der anderen Gruppenmitglieder eingefallen sind. Die zweite Runde der Ideen-Lesung beginnt, wenn die Vorschläge der ersten Liste bekannt sind. Es kann auch eine dritte, vierte . . . Runde erfolgen nach den obigen Spielregeln.
▶ Empfehlung: Gruppe von 5-8 Teilnehmern
           Dauer etwa 60 Min.

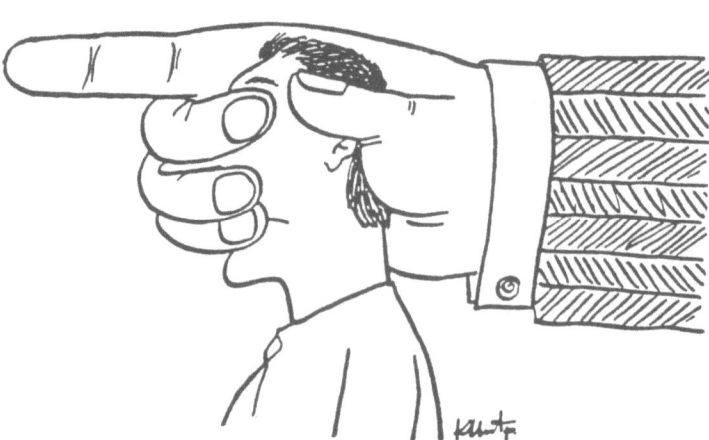

[Unbekannt](K 84, 24. August)

Diskussion

Eröffnung durch den Diskussionsleiter:

- Begrüssung und Vorstellung
- Erklären des Zwecks der Versammlung
- Erklären der Art und Weise, wie er die Versammlung zu leiten gedenkt.
- Thema und Ziel der Diskussion vorstellen

Phasen einer Diskussion:

- *Phase 1:*
  Anlaufzeit, Konfrontation der Meinungen
  Herausfinden aller vorhandenen Meinungen

- *Phase 2:*
  Gemeinsames Erstellen eines Arbeitsplanes
  Der Diskussionsleiter muss ein Vorgehen finden, das allgemeine Zustimmung findet.
  Den Vorgehensplan möglichst für alle sichtbar machen (Wandtafel, Hellraumprojektor).

- *Phase 3:*
  Diskussion der einzelnen Punkte des Plans

- *Phase 4:*
  Abschliessende Synthese mit allgemeiner Zustimmung der Gruppe

Techniken des Diskussionsleiters:

- *Nochmaliges Formulieren der Aussagen:*
  Erleichtert den Ausdruck und das Zuhören.
  Die Interaktion wird angeregt.

- *Direkte Aufforderung zur Beteiligung:*
  Nach einer Anlaufphase sollen auch Schweigsame zum Sprechen ermuntert werden. Auch jene sollen angesprochen werden, denen man ansieht, dass sie etwas sagen möchten.

- *Gegenfrage:*
  Eine besondere Form ist die Echofrage.

- *Weiterleitung der Frage:*
  Der Diskussionsleiter stellt die an ihn gerichtete Frage einem anderen Teilnehmer.

- *Spiegelung*
  der Frage an die ganze Gruppe

- *Wiederaufnahme*
  einer Frage

- *Intervention*
  auf der gruppendynamischen Ebene (Beziehungsebene)

Heuberger *(SLZ 1981, 49-51)*

Kurzfilme mit Anspiel-/Animationsfunktion sind durch folgende Eigenschaften gekennzeichnet, die ihnen im Vergleich zu andern Medien eine herausragende Bedeutung verleihen:

Sie bieten keine abgeschlossene Information oder Erzählung wie Dokumentations- und Informationsmedien oder wie Spielfilme, sondern enden *offen*. Sie stellen eine Situation, eine Handlung oder Geschichte dar, die Fragen aufgibt – Fragen, die auch Probleme der Zuschauer sind. Diese werden mit einem Stück Leben konfrontiert und zu einer Reaktion und Klärung herausgefordert.

Zur Gattung der Kurzfilme werden gezählt:
O Zeichentrickfilme
O Puppentrickfilme
O kurze Dokumentarfilme
O Meditationsfilme

Solche Anspiel-/Animationsfilme (zum Auslösen von Gesprächen) haben eine Laufzeit von 2-30 Min.

In der Filmwahrnehmung wirken drei wichtige psychische Mechanismen: die Selektion, die Projektion und die Identifikation.

Die Selektion

bewirkt – vereinfacht gesagt –, dass ich nur wahrnehme, was ich wahrnehmen möchte. Was mir unangenehm ist, lehne ich ab, verdränge und vergesse ich. Mitteilungen werden in meiner Wahrnehmung solange verzerrt und verändert, bis sie in ‹ein Konzept› passen. Dadurch erschwere ich eine mögliche Änderung bestehender (eigener) Einstellungen, Moderströmungen und Gruppendruck können allerdings Schritte in Richtung Einstellungsänderung begünstigen.

Durch die Projektion

kann ich eigene Wünsche, Erfahrungen, Schwierigkeiten und Probleme nach aussen verlegen – oder eben in den Film hineinlegen. In einer extremen Form sehe ich Probleme, die ich habe, im Film, aber nicht bei mir selbst.

Die Identifikation

bewirkt, dass ich aufgrund von Wünschen, Erfahrungen, meinem Engagement, meiner Ängste . . . mich in Personen und Beziehungen der Filmhandlung hineinversetzen kann.

Ein Film vermittelt somit nicht nur Informationen, sondern aktiviert auch Emotionen, Erfahrungen und tiefere Schichten in den Betrachtern.

Hier liegt auch die Stärke des Filmeinsatzes in der Erwachsenenbildung: Verbindungen herstellen zwischen Informationen, eigenen Erfahrungen, Wünschen, Stimmungen, Widerständen usw.

Aus dieser Sicht heraus gewinnt das Besprechen, das Verarbeiten und Auswerten eine zentrale Bedeutung.

Für alle jene, die sich intensiver mit den Verwendungsmöglichkeiten von Kurzfilmen beschäftigen wollen, sei auf die Schrift «*Kurzfilm*» verwiesen.

Auswerten und Verarbeiten

In der Erwachsenenbildung werden Kurzfilme nicht in erster Linie zur Informationsvermittlung eingesetzt. Sie sind einerseits Hilfen, um *eigene Erfahrungen, Einstellungen, Wünsche* zu aktivieren und *Betroffenheit* herzustellen; anderseits bringen sie *Gruppengespräche* in Gang (Förderung der Zusammenarbeit).

▶ Methode 66 (s. o. S. 42)
▶ Stummer Dialog (s. o. S. 63)
▶ Fragebogen (s. unten)

Teilnehmer, denen Gruppenarbeit neu ist, erhalten einen Bogen mit einigen Fragen zum Film. Jeder beantwortet die Fragen vorerst für sich. Das anschliessende Gespräch geht von den Antworten der einzelnen aus.

Fragebogen

1. Welche Empfindungen, Gefühle hat der Film bei Ihnen zurückgelassen?
2. Was hat Ihnen besonders gefallen?
3. Was hat Sie geärgert?

Die Fragen nach den Empfindungen, Gefühlen sollten am Anfang gestellt werden, sonst kann der Zuschauer nicht mehr spontan reagieren. – Es ist wichtig, dass er seine Gefühle ausdrücken kann.

4. Welche Szene fällt Ihnen bei der Rückerinnerung als erste ein?
5. Was war die Frage, das Problem, die Aussage des Films?
6. Stimmen Sie mit der Aussage, Lösung überein / nicht überein? Warum?
7. Wie würden Sie den Film beurteilen? Geben Sie eine Note: -7 für ‹ganz schlecht›, +7 für ‹hervorragend›.
8. Warum haben Sie dem Film diese Note gegeben?

(Aus: *Kurzfilm*, 15, 26)

Methode 365

Bedeutung der Zahl 365:
3 = 3 Kolonnen: Einfälle, Fragen, Wertungen
6 = 6 Teilnehmer pro Gruppe
5 = 5 Minuten

Diese Methode ist beliebig variierbar, beispielsweise 3710 (3 Kolonnen, 7 Teilnehmer, 10 Minuten).

Durchführung in Gruppen

a) Jeder Teilnehmer nimmt ein Blatt und fertigt 3 Kolonnen an mit den Überschriften: Einfälle, Fragen, Wertungen.

b) Jeder Gruppenteilnehmer schreibt seine entsprechenden Bemerkungen (Beurteilungen) in die 3 Spalten, die sich hier auf den Film beziehen.

c) Das Blatt kursiert zur nächsten Person, die sich vom Geschriebenen inspirieren lässt und die Einträge in den Kolonnen mit ihrem Kommentar versieht.

d) Die Blätter ‹wandern› zur nächsten Person . . . usw.

e) Nach der vereinbarten Zeit wird abgebrochen, und ‹die Produkte› werden vorgelesen (und ev. dokumentiert).

f) Besprechung, Kommentare
Auftauchende Konflikte werden aufgegriffen; möglichst so, dass sie für die Fortsetzung der Veranstaltung gelöst werden können.

Assoziationen

Ziel ist es, Stimmungen und Vorstellungen herauszuarbeiten, individuelle Probleme zu erörtern. Der Film wird ohne Einführung gezeigt. Alle schreiben nach der Vorführung auf, was ihnen einfällt. Die Assoziationen werden vorgelesen, und das dadurch Ausgelöste wird besprochen.

▶ Malen/Zeichnen (s. o. S. 33f.)
▶ Collage (s. o. S. 29f.)
▶ Rollenspiel (s. o. S. 57)

▶ Sich in Gegenstände versetzen

Ziel ist es, *das Geschehen aus einer ungewohnten Perspektive mitzuerleben, Probleme, Erfahrungen einzelner und der Gruppe zu thematisieren, Kreativität zu entwickeln.* Nach der ersten Vorführung werden alle aufgefordert, sich einen Gegenstand auszusuchen, der ihrer Meinung nach im Film eine wichtige Funktion hat. Beim zweiten Vorführen soll sich jede Person auf ihren Gegenstand konzentrieren, sich in ihren Gegenstand versetzen.

Folgende Fragen können dann das Gespräch strukturieren:

– Wie habe ich mich als Auto, Pistole, Lippenstift gefühlt?
– Was habe ich von meiner Umwelt im Film *aus dieser Sicht* wahrgenommen?
– Wie habe ich es wahrgenommen
– Warum habe ich diesen Gegenstand gewählt?
– Würde ich ihn wieder wählen?

(Kurzfilm, 16)

Film-Ende erfinden

Ziel dieser Methode ist es, dass sich möglichst jeder zu dem Film äussert und die Aussage des Films in die eigene Vorstellungswelt umsetzt. Ein Film mit offenem Ausgang wird ganz vorgeführt. Wenn man vor dem Erscheinen des «Ende/Fin/End» den Projektor ausschaltet, kann man den Eindruck erwecken, der Filme ginge noch weiter. Filme mit überraschender oder interessanter Lösung werden bis vor die Schlussequenz vorgeführt. Das Filmende wird in Kleingruppen entwickelt, um unterschiedliche Lösungen zu erhalten. Noch wirkungsvoller ist es, wenn der Schluss gezeichnet oder im Rollenspiel dargestellt wird (s. o. S. 57).

Szenen nachspielen

Verschieden Szenen können nachgespielt werden, um Probleme durch verfremdete Kommunikation bewusster zu machen, um die Probleme und Rollen anderer besser zu verstehen. Masken erleichtern das Nachspielen. Aufgabe kann es auch sein, die Person anders als im Film zu spielen (s. o. S. 57).

Vorführen ohne Ton bzw. ohne Bild

Diese Methode kann nicht nur helfen, die Gestaltungsmittel des Films besser zu erkennen; sie verdeutlicht, über welche Sinne der Mensch zur Kommunikation verfügt. Einzelne Sinne werden bewusst ausgeschaltet, um andere zu schulen.

Wenn der Film *ohne Ton* vorgeführt wird: Zur Filmhandlung kann man Geräusche und Musik (mit Orffschen Instrumenten) entwickeln und bei wiederholter Vorführung mitspielen. Auch selbstverfasste Dialoge sind denkbar – möglichst in verschiedenen Gruppen entworfen, um die Ergebnisse zu vergleichen.

Wenn der Film *ohne Bild* vorgeführt wird, begleitet der Filmton beispielsweise das Rollenspiel (s. o. S. 57).

Je nach Auswertungs- bzw. Verarbeitungsmethode ist der Kurzfilm-Einsatz abendfüllend, d.h. dass etwa 3 Std. erforderlich sind. Wir haben aber auch die Möglichkeit, den Kurzfilm mit einer weniger aufwendigen Auswertungsmethode zu kombinieren, beispielsweise mit der *Methode 66* (s. o. S. 42), um anschliessend gleich auf ein aktuelles Thema überzugehen. Der Kurzfilm ist ein Medium, das wir fast unbeschränkt mit allen beschriebenen Methoden kombinieren können.

Die Vorbereitung

einer Veranstaltung umfasst etwa folgende Bereiche:

○ Thema der Veranstaltung
○ Zielsetzung der Veranstaltung
○ Einführung
○ Plazierung der Filmvorführung
○ Auswertung / Verarbeitung des Films (Methode)
○ Anwendung / Transfer
○ Folgeaktivitäten

Praktische Tips und Hinweise

● *Filmbestellung:*
Ein Film sollte mindestens zwei Wochen vor dem Vorführdatum bestellt werden!

● *Filmprojektor und Raum*
(mit Verdunkelungsmöglichkeit) rechtzeitig reservieren und rechtzeitig eine Funktionskontrolle des Projektors vornehmen!

● *Kurzfilmliste*
(erscheint jährlich neu)
Herausgeber:
Schweizerische Arbeitsgemeinschaft Kurz- und Spielfilmlisten
Schweizerisches Filmzentrum
Münstergasse 18
8001 Zürich

● *Zoom – Filmberater*
Postfach 2728
3001 Bern
Zoom ist eine illustrierte Halbmonatszeitschrift, die u.a. Filmkritiken, Arbeitsblätter zu Kurzfilmen usw. enthält.

● *Mediendienste:*

Evangelischer Mediendienst
Jungstrasse 9
8050 Zürich

Katholisches Filmbüro
Bederstrasse 76
Postfach 147
8002 Zürich
(Beratung und Information)

Filminstitut Bern
Erlachstrasse 21
3000 Bern

Canzler (1982)

Vortrag

Vorbereitung

○ Sich auf die Situation einstellen: Art der Adressaten, Art der Veranstaltung, des Raumes, Zeitpunkt usw.

○ Einen *Stichwort*text erstellen (nur im Notfall einen Ablesetext). Einzig *Zitate* und *Fragestellungen* im voraus ausformulieren.

*Kurz*referate sind in der Erwachsenenbildung eindeutig vorzuziehen: 10-20 Min. (max.). Vorträge wirken lebendiger, wenn Illustrationen verwendet werden: Texte, Gesprächsausschnitte (Interviews), Dias (insbesondere Karikaturen) usw.

Einige Modelle zur Strukturierung von Vorträgen

a) Ansichten, Meinungen zum Thema
b) Behauptung dazu
c) mögliche Einwände
d) Vergleiche der Ansichten
e) Hinweise auf das Ziel
f) Entscheid

a) Bewertungskriterien
b) Stellungnahmen von Experten
c) landläufige Ansichten
d) Bewertung
e) Entscheid

a) zwei Thesen oder Hauptrichtungen
b) Begründung der beiden Thesen
c) Auffassung von anderen
d) Begründung dieser andern Auffassungen oder Thesen (kein Entscheid)

a) Frage/Problem
b) Antworten (Entscheidungen)
c) Folgerungen

a) These
b) Antithese
c) Synthese

a) Behauptung von A
b) Behauptung von B
c) «Mir scheint, beide Meinungen treffen sich. Hier liegt vielleicht die Lösung.» (Gemeinsamkeiten als Ausgangsbasis für einen Kompromiss, eine Differenzierung und einen neuen Ansatz.)
d) «In dieser Richtung gilt es weiter zu denken ...»

a) «Wir reden über ...»
b) «Bisher drehte sich alles um ...»
c) «Dabei wurde übersehen ...»
d) «Gerade das aber scheint besonders wichtig ...»
e) Antrag

a) Frage nach möglichen Ansichten
b) einkreisen
c) andere Lösungen
d) begründen
e) vergleichen
f) entscheiden

(Nach *I. Nezel* 1976)

Jankofsky (K 83, 23. September)

Ideen finden und Probleme lösen

Krauze (K 82, 9. Februar)

Ideen-Finden und Probleme-Lösen können wir nicht voneinander trennen. Vielfach unterliegen wir der irrtümlichen Vorstellung, für jedes Problem gebe es *eine richtige* Lösung (wie bei einfachen Rechnungsaufgaben). Aus vielen Lösungsmöglichkeiten können wir die optimale herausfiltern. Dazu brauchen wir vor allem möglichst viele Ideen. Hier hilft der Gruppenvorteil entscheidend. In der Gruppe finden wir unvergleichlich mehr Ideen (sofern einige Grundregeln eingehalten werden), als wenn jeder Betroffene für sich allein nach Lösungen von Schwierigkeiten und Problemen sucht.

Im Folgenden wird übersichtsmässig eine Vorgehensstrategie dargestellt, die in der Erwachsenenbildung eingesetzt werden kann. Sie ist stark angelehnt an einen Vorschlag, den *Sikora 1976* ausführlich beschreibt. Anschliessend an die Übersicht werden die einzelnen Phasen differenziert vorgestellt, methodische Hilfen angeboten und zur Auflockerung einige Übungsmöglichkeiten beschrieben – denn Problemlösen sollte auch Spass machen.

Anwendungsmöglichkeiten

● Für Themensuche.
● Um Einstiege/Zugänge zu einem Thema zu finden.

- Um gemeinsam Vorgehensmöglichkeiten zu entwickeln
- Anleitung, um Realisierungsmöglichkeiten von Themen zu finden.

Bei diesen Anwendungsmöglichkeiten können wir entweder das ganze Vorgehen durchspielen, dann ist die Ausgangsfragestellung/Problem-situation darin bereits enthalten: beispielsweise kommen Eltern und Lehrer zusammen und überlegen sich, welche gemeinsamen Probleme sie beschäftigen – oder die gemeinsamen Probleme sind bekannt, sie werden z.B. vom Lehrer formuliert. In diesem Fall setzen wir in der Phase 6 (s. u., *Übersicht*) ein.

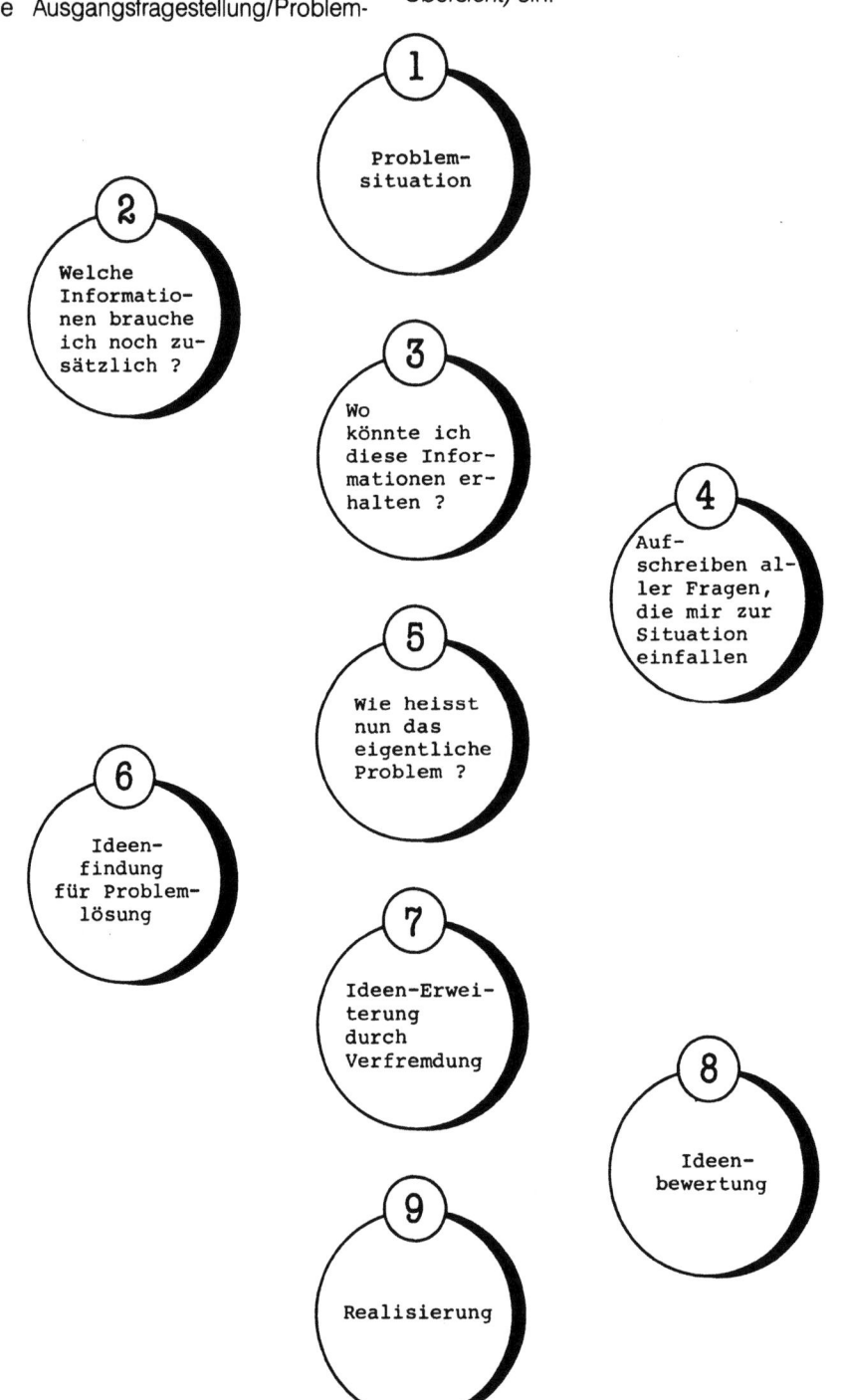

① Problemsituation

Im Sinne einer Fallbeschreibung wird die Problemsituation umrissen. Dies geschieht durch den Leiter, den Lehrer oder die Vorbereitungsgruppe, welche die Initiative für die betreffende Veranstaltung ergriffen hat.

Achtung vor «*Killerphrasen*»! (S. o. S. 20f.)

② Welche Informationen brauche ich noch zusätzlich?

Welche Daten, welche Fakten? Zur Problemwahrnehmung alle Fragen aufschreiben, unabhängig davon, ob diese Informationen zu erhalten sind oder nicht. (Achten Sie auf das ‹*Prinzip der verzögerten Bewertung*›; s. unten.)

③ Wo könnte ich diese Informationen erhalten?

Versehen Sie nun alle Fragen mit der möglichen Informationsquelle. Achten Sie auch hier auf das ‹*Prinzip der verzögerten Bewertung*›!

④ Aufschreiben aller Fragen, die mir zur Situation einfallen

Notieren Sie alle Fragestellungen, die Ihnen zur vorliegenden Problemsituation einfallen. Als Anregung dient die ‹*Frage-Checkliste*› (*Sikora 1976*, 147f.):

Wann?	Was für eine?	Womit?
Warum?	Was für welche?	Worin?
Was?	Wem?	Worüber?
Durch was?	Mit wem?	Wovon?
Was für ein?	Woher?	Wohin?
Wozu?	Weshalb?	Wie lange?
Wen?	Wessen?	Mehr?
Für wen?	Wie?	Öfter?
Wer?	Wie sehr?	Weniger?
Alle?	Wieviel?	Wodurch?
Nicht alle?	Wie weit?	Wofür?
Keine?	Wo?	Woher?
Wichtig?	Woanders?	Schwerer?
Wieder?	Wie oft?	Leichter?
Allein?	Zusammen?	Mit?

⑤ Wie heisst nun das eigentliche Problem?

Halten Sie einen Moment inne und fragen Sie sich, wie nun das eigentliche Problem heisst. Formulieren Sie es schriftlich.

Noch gibt es die Möglichkeit, das Problem verschwinden zu lassen!

Vonderwerth (*K 82*, 6. August)

⑥ Ideenfindung für Problemlösung

Verwenden Sie für diese Phase das *Brainstorming* (s. o. S. 69f.).

Listen Sie alle Ideen auf, die Sie im Brainstorming gefunden haben, und numerieren Sie sie durch!

Zwei Prinzipien sind in dieser Phase wichtig

Prinzip der verzögerten Bewertung

Wenn es darum geht, Ideen zu produzieren, Lösungsmöglichkeiten zu suchen, möchte der einzelne in der Gruppe möglichst originelle, gute Ideen und Lösungen beitragen. Aus diesen Ansprüchen heraus halten wir vieles zurück. Es gibt in uns eine Bewertungsinstanz, die zensiert – und meistens wird, sobald ein Vorschlag geäussert wird, von einem Gruppenmitglied kommentiert, beurteilt. Das ständige Bewerten ist uns in Fleisch und Blut übergegangen. Selbst bei sorgfältiger und bewusster Beachtung des Prinzips schleichen sich im ‹Innern› immer wieder kritische Kommentare ein. Diese Bewertungen hemmen den Ideenfluss. Die Bewertung ist wichtig, aber erst zu einem späteren Zeitpunkt.

○ Keinerlei Bewertung!
○ Jede Idee ist willkommen!
○ Soviel Ideen wie möglich!
○ Die Ideen anderer aufgreifen und weiterentwickeln!

Spielerisches Prinzip

Durch spielerisches Experimentieren haben wir die Möglichkeit, unerwartete Entdeckungen zu machen. Wir öffnen dem Zufall Tür und Tor, d.h., wir lassen jede Information zu, ob sie nun im Moment belanglos oder zusammenhangslos erscheint. *E. de Bono* geht noch weiter, indem er sagt: «Je belangloser die Information ist, um so nützlicher kann sie werden.»
(In: *Sikora 1976*, 37)

Einige Übungen aus *Sikora 1976* sollen das ‹*Spielerische Prinzip*› und das ‹*Prinzip der verzö-*

gerten Bewertung› illustrieren und gleichzeitig Übungsgelegenheiten dazu bieten.

Abstraktes Bild

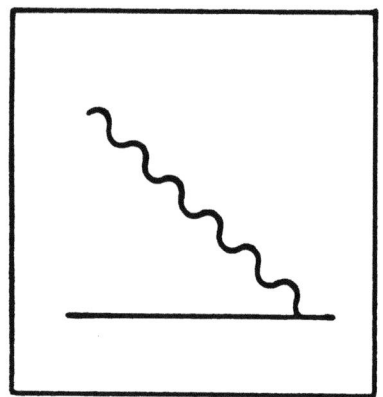

Dies ist ein abstraktes Bild. Woran erinnert Sie das? Was könnte das sein? Notieren Sie etwa 15 verschiedene Antworten! (Die Gruppe zusammen sollte etwa auf 50 verschiedene Interpretationen kommen.)

Essen

15 Gegenstände sollten gesucht werden, die «weiss» und «essbar» sind!

1. Schritt: Individuelle Arbeit, 3 Min.
2. Schritt: Ergebnisse in Kleingruppen zusammentragen, 10 Min.
3. Schritt: Sammeln von neuen Einfällen!

Zweck dieser Übung:
Jeder von uns weiss mehr, als er im jeweiligen Augenblick präsent hat. Klar!?! Aber meistens wird diese Tatsache nicht genutzt. (Vgl. *(Sikora 1976,* 110)

Einbruch

Der Inhaber einer Boutique wird durch eine Einbruchserie erheblich geschädigt. Im Geschäft befindet sich keine Alarmanlage. Obgleich die Polizei jeweils prompt und schnell reagierte, wurden jedesmal Waren im Werte von etwa 10 000 Fr. gestohlen.

Notieren Sie sich einige Vorschläge, wie man das Geschäft vor weiteren Einbrüchen schützen könnte:

1. Schritt: Individuell (3 Min.)
2. Schritt: In Gruppen (10 Min.)
3. Schritt: Neue Ideen aus den gesammelten Vorschlägen!

Am Schluss kann noch die praktizierte Lösung mitgeteilt werden:

«Man hat dem Inhaber der Boutique empfohlen, die Kleiderbügel nicht mehr alle in eine Richtung zu hängen, sondern die Haken abwechselnd mal in diese und mal in jene Richtung zu drehen. Beim nächsten Mal wurden die Einbrecher tatsächlich gefasst; anstatt immer die Kleider armweise abhängen zu können, mussten sie nun Stück für Stück von der Stange nehmen.»
(Sikora 1976, 160 f.)

Alte Frau – junge Frau

Stellen Sie sich vor (an Kleingruppe gerichtet):
Sie sind das Leiterteam einer internationalen Kosmetikfirma. Sie brauchen dringend eine Filialleiterin. Die Zentrale Ihrer Gesellschaft in New York übersendet Ihnen das Funkbild einer infragekommenden Person. Aufgrund einer Schlamperei stehen Ihnen die persönlichen Daten nicht zur Verfügung.

Sie müssen sich heute entscheiden! Entscheiden und begründen Sie gemeinsam, ob Sie die Dame einstellen und warum (nicht). Sie haben 15 Min. Zeit!

Zweck der Übung:
Anhand dieser Übung kann die Wichtigkeit der Wahrnehmung illustriert werden. Entweder nehmen Sie eine junge oder eine alte Frau wahr.

Die Wahrnehmung (besonders im zwischenmenschlichen Bereich) ist keineswegs ein fotografisch-objektives Registrieren der Wahrnehmungsgegenstände. Unsere Sinne können

täuschen – sie sind zahlreichen Korrekturen, Störungen und Fehlern unterworfen.
(Sikora 1976, 130f.)

Papierschnipsel

Dies ist ein Papierschnipsel; fügen Sie nur wenige Striche hinzu, um daraus etwas anderes zu machen.

Ideen-Erweiterung durch Verfremdung

Prinzip der Verfremdung:
Viele Menschen sind zu ängstlich, um skurrile, unrealistische, utopische, phantastische, abweichende Gedanken zu äussern.

Häufige Rechtfertigungen:
«Es klang mir zu simpel und trivial.»
«Der Vorschlag würde nicht akzeptiert werden.»
«Die Idee war zu unbedeutend.»
«Ich wäre mir komisch vorgekommen.» U.a.m.

Das Prinzip der Verfremdung zielt darauf ab, ein Problem aus der üblichen Betrachtungsweise herauszulösen. Entscheidend ist, dass wir uns von einer konkreten Problemstellung lösen können, um scheinbar unergiebige Assoziationen und Ableitungen zu verfolgen. Wir verlassen das Feld der Realität. Die Verfremdung ermöglicht die Überwindung blockierender Denkzwänge.

Saltes
(K 82,
14. Oktober)

Die in *Phase 6* spontan gefundenen Ideen sind nun aufgelistet. Wenden Sie die nachstehenden 9 *Fragestellungen* (von A. F. Osborn) an, die zu weiteren Ideen anregen.
Am besten beginnen Sie mit der ersten Fragestellung: «Anders verwenden? Kann man die Idee auch anders einsetzen?» Gehen Sie alle Ideen der *Phase 6* durch, und notieren Sie sich die zusätzlich neu entwickelten Ideen.
Dann gehen Sie weiter zu *Frage 2,* usw.

Fragestellung zur Verfremdung

1. Anders verwenden?
   Kann man die Idee auch anders einsetzen?
2. Adaptieren?
   Gibt es Ähnliches, Paralleles, Kopierbares?
3. Modifizieren?
   Lässt sich an der Idee etwas verändern?
4. Magnifizieren?
   Was fällt mir ein, wenn ich die Idee vergrössere?
5. Minifizieren?
   Was fällt mir ein, wenn ich die Idee verkleinere?
6. Substituieren?
   Können einzelne Elemente gegen andere ausgetauscht werden?
7. Rearrangieren?
   Kann eine andere Reihenfolge gewählt werden?
8. Umkehrung?
   Was passiert, wenn ich das Gegenteil versuche?
9. Kombinieren?
   Können verschiedene Ideen miteinander verbunden werden? *(Sikora 1976)*

---

(8) Ideenbewertung

Die einfachste Form der Bewertung besteht darin, alle Ideen (aus Phasen 6+7) zu numerieren und auf einen grossen Bogen Packpapier zu schreiben. Jeder Anwesende erhält nun 3 Selbstklebepunkte, die er auf die Ideen verteilen kann. Die optimalste Idee ist dann jene, die am meisten Punkte erhält.

Der Nachteil dieser Methode besteht darin, dass nicht anhand bestimmter vereinbarter Kriterien ausgewählt wird, sondern alle intuitiv auswählen.

In einer weiteren Form zur Ideenbewertung suchen wir vorerst die Auswahlkriterien. In kleinen Gruppen (wenn die ganze Gruppe nicht zu gross ist: in der Gesamtgruppe) suchen wir nach all den Kriterien, mit deren Hilfe wir die beste Idee herausfiltern wollen. Dabei achten wir auf das ‹Prinzip der verzögerten Bewertung›.

Anschliessend wählen wir die drei (oder auch mehr) wichtigsten Kriterien aus (mit Hilfe der ersten Bewertungsmethode) und ordnen den drei Kriterien je eine Farbe zu. Jeder Anwesende erhält nun

84

für jedes Kriterium einen entsprechenden Selbstklebepunkt, den er hinter jene Idee setzt, die seiner Meinung nach dem Kriterium am besten entspricht. Nach dieser individuellen Bewertung können wir eine Liste erstellen, indem wir innerhalb jedes Kriteriums eine Rangliste aufstellen. So können wir auf einem empirischen Weg die optimalste Lösung herausfinden.

Anstelle des empirischen Weges können wir – sofern die Teinehmergruppe nicht zu gross ist – auch im Gespräch (durch einen Konsens) zur optimalen Lösung gelangen.

(9) *Realisierung*

In dieser Phase geht es darum, die optimale – oder auch mehrere optimale Lösungen – zu realisieren.

Die folgenden Fragen sind als Anregungen gedacht:

○ Ist eine Mitarbeit von andern erforderlich?

○ Mit welchen Auswirkungen müssen wir rechnen?

○ Ist ein Versuch – quasi ein Vortest – erforderlich?

○ Wer sollte, könnte die Idee unterstützen?

○ Timing – wann beginnt die Realisierung?

○ Ortswahl?

C. G. J. De Goede
(pardon, 17)

Konfliktgespräche in Gruppen

1. Anmelden der Störungen

Wenn ein Gruppenmitglied davon spricht, was es in der Gruppe stört, achtet es darauf, seine Gefühle auszudrücken und nicht andern Vorwürfe zu machen.

2. Sammeln der verschiedenen Meinungen

Alle Gruppenmitglieder äussern ihre Einstellungen zu dem Konflikt. Alle Meinungen stehen nebeneinander – sie werden weder verglichen noch vereinheitlicht.

3. Herausarbeiten der Hintergrund-bedürfnisse

Das Gruppenmitglied, das den Konflikt eingebracht hat, erhält Gelegenheit, seine Bedürfnisse weiter zu klären und seine Gefühle zu äussern. Anschliessend sollten auch die andern Mitglieder ihre Gefühle äussern können. An dieser Stelle ist es enorm wichtig, noch nicht an Lösungen zu denken. Die Haupttätigkeiten sind Hören – Zuhören – Verstehen.

4. Formulieren von Wünschen

Alle Gruppenmitglieder versuchen, Ärger und Störungen in Wünsche umzuformulieren und zwar so, dass die andern Stellung dazu nehmen können.

5. Brainstorming über mögliche Lösungen

Vgl. o. S. 69f. Alle Mitglieder beteiligen sich und reihen mögliche Lösungen aneinander, ohne dieselben schon zu diskutieren hinsichtlich ihrer Praktikabilität.

6. Bemühung, eine Lösung zu finden, die alle zufriedenstellt

Die Wahrscheinlichkeit für «gute» Lösungen ist jetzt recht gross, da sich die Gruppenmitglieder im Verlauf des Gesprächs eher verstanden fühlen und realisiert haben, dass andere ihre Interessen ernst nehmen.

Die Wahrnehmung spielt in der Erwachsenenbildung entsprechend ihrer Zielsetzung eine entscheidende Rolle.

Anhand folgender Thesen, die an *A. Ames, Jr.,* (zit. in: *Postman/Weingartner 1972,* 122ff.) angelehnt sind, wird die Bedeutung der Wahrnehmung einsichtig.

1. Inhalte unserer Wahrnehmungen sind zum grossen Teil eine Funktion unserer bisherigen Erfahrungen. Wir neigen dazu, das wahrzunehmen, was wir wollen und müssen – das, was uns früher genützt hat.

Die Wahrnehmung ist auch abhängig von der sozialen Situation.

2. Die Wahrnehmungen erhalten wir nicht von den ‹Dingen› unserer Umgebung. Die Wahrnehmungen kommen von uns. Die ‹Realität› ist eine Wahrnehmung, die irgendwo hinter den Augen lokalisiert ist.

3. Lernfähigkeit kann als Fähigkeit verstanden werden, unangemessene Wahrnehmungsformen aufzugeben und neue – wirksamere – zu entwickeln.

4. Es ist unwahrscheinlich, dass wir unsere Wahrnehmungsweisen ändern, solange wir nicht enttäuscht werden im Erreichen unserer Ziele, die auf ihnen beruhen.

5. Da jede Person die ‹Aussenwelt› in seiner einmaligen Welt wahrnimmt, haben wir keine gemeinsame Welt. Sie muss erst geschaffen werden.

6. Die Bedeutung einer Wahrnehmung zeigt sich in der Weise, wie sie unser Handeln verursacht.

Diese Thesen geben uns die Möglichkeit, aktualisierte Erfahrungen zu einem Sachverhalt, zu einer Fragestellung, einem Problem in einen Bezug zu bringen, verständlich zu machen – und die Integration zu erleichtern.

Folgend werden Möglichkeiten dargestellt, an und mit diesen Thesen zu arbeiten.

Visualisieren dieser Thesen

Nachfolgend seien einige Möglichkeiten dargestellt, Teilaspekte dieser Thesen zu visualisieren.

Das 9-Punkte-Problem
Die neun Punkte sind durch 4 gerade Linien – ohne zu unterbrechen oder abzusetzen – zu verbinden. Jeder der vorgegebenen Punkte darf nur einmal berührt werden. Zurückfahren auf einer bereits gezeichneten Linie ist nicht gestattet.

tolle Perspekhive

Much *(K 82,* 6. September)

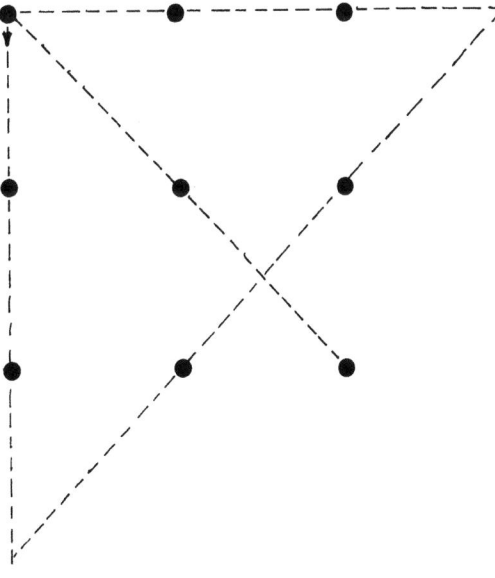

Eine weitere Möglichkeit bietet das folgende Quadrat:

«Wie viele Quadrate sehen Sie auf dem folgenden Bild?»

Die meisten Teilnehmer werden rechnen: 4 mal 4 gibt 16 Quadrate – doch man kann durchaus auch 30 Quadrate sehen!

Kontaktaufnahme

Setzen Sie sich einem Teilnehmer gegenüber, der Ihnen unbekannt ist und schauen Sie ihn schweigend an. Betrachten Sie einige Minuten lang sein Gesicht und versuchen Sie, diesen andern Menschen zu sehen . . . Nehmen Sie alle Einzelheiten seines Gesichts wahr – die Form, die Grösse, die Farbe, die einzelnen Züge . . . Versuchen Sie, den Ausdruck dieses Gesichts zu entdecken.

«Zu Beginn muss sich der Schüler bemühen, im Geist einen fünfstrahligen Stern auf das Gesicht seines Gegenübers zu projizieren. Die Spitzen des Sterns berühren Wangen, Schläfen und Stirn. Mit ein wenig Übung wird er das Feld seiner geistigen Projektion sogar auf das Fünfeck (Pentagon) reduzieren können, das im Stern enthalten ist.

Wenn dies erreicht ist, muss der Schüler die Art der Persönlichkeit seines Gegenübers miteinbeziehen und auf dem Gesicht einen speziellen Fixierungspunkt suchen, der gewissermassen dessen asymmetrisches Zentrum darstellt. Dies kann ein Schönheitsfleck oder eine bestimmte Stelle oberhalb der Brauen sein; der Punkt kann von Mensch zu Mensch vollständig verschieden sein. Es kann sich als äusserst schwierig erweisen, diesen Ausgangspunkt, der für das weitere Vorgehen unbedingt nötig ist, zu finden; manchen Menschen gelingt es überhaupt nie. Es setzt gewissermassen eine ver-

tiefe Beobachtung des Gesichts, manchmal aber auch einfach einen Instikt oder eine Gabe voraus.

Wenn es einem gelingt, den sechsten Punkt ausfindig zu machen, so ergibt sich der siebte von selbst. Er befindet sich dem sechsten symmetrisch gegenüber . . .» (Derlon 1976, 37-39)

Nach vielleicht zwei Minuten wechseln die Teilnehmer ihre Partner. Anschliessend werden die Wahrnehmungen ausgetauscht – spontan – und aufgrund der sechs Thesen.

Dieses Vorgehen gewinnt durch das Nichtübliche an Intensität: Wer schaut schon jemandem, der ihm fremd ist, eine bis zwei Minuten in die Augen?

«Die Zeit, die man einem Unbekannten in die Augen blicken darf, ist sehr kurz. Wird sie auch nur eine Sekunde überschritten, so führt das in Europa und in den USA zu sehr verschiedenen Resultaten. Bei uns schöpft der andere meist Verdacht, bricht den Blickkontakt ab und wird sichtlich unnahbar. In Nordamerika dagegen lächelt er (und besonders sie). Das kann auch den Schüchternsten zur Annahme verleiten, diese Person bringe ihm besondere Sympathie entgegen – sozusagen Liebe auf den ersten Blick – und die Situation biete daher besondere Chancen. Sie bietet sie aber keineswegs; nur die Spielregeln sind anders.» (Watzlawick 1983, 119 f.)

Für Kursleiter ist es wichtig, der Phase der Kontaktaufnahme genügend Zeit einzuräumen. Das Kennenlernen ist in der Motivation Erwachsener oft ein prioritäres Motiv. Kurse und Veranstaltungen zu besuchen. Diese Kontaktaufnahme schafft Voraussetzungen für die Zusammenarbeit.

Hat man die Menschen
erst ein bißchen
näher betrachtet,
ist man Stolz darauf,
eine Giraffe zu sein.

Grandville (B 83, 11. Dezember)

In Auswertungssituationen wird die Wahrnehmung besonders aktuell

Der Vorgang der Beurteilung, Kommentierung eines stattgefundenen oder nicht stattgefundenen Lernprozesses hängt unmittelbar mit den 6 Thesen zur Wahrnehmung zusammen. Unser Lernverhalten ist immer geprägt durch frühere Lernerfahrungen. Die Wahrnehmungen sind vorgeprägt. Auswertungen sind nur sinnvoll, wenn sie mit Konsequenzen – mit neuen Lernsituationen – mit Zukunft verbunden werden.

Vorstellbar wäre eine zweiphasige Auswertung:

● *In der ersten Phase* wird mittels einer geeigneten -Methode ausgewertet (s. *Übersicht: Verwendungsmöglichkeiten,* S. 24f.).

● *Die zweite Phase:* Die erhobenen Informationen werden anhand der sechs Thesen zur Wahrnehmung analysiert bzw. angereichert. Aus diesen Reflexionen werden die zukünftigen Lernsituationen entworfen.

Aktuelles Problem

Der Kursleiter bringt ein aktuelles Problem ein – beispielsweise «Asylanten» mit Hilfe eines Films, anhand von Hörszenen, Zeitungsartikeln . . . Die Reaktionen der Teilnehmer erfolgen sehr direkt – sie werden ausgedrückt und dargestellt. Anhand der Thesen über die Wahrnehmung werden die wichtigen Bezüge hergestellt – die Folgerichtigkeit der Wahrnehmung. Dadurch können auch

Veränderungswünsche, Lernabsichten herauskristallisiert werden.

Sprachkurse

Da jeder Teilnehmer in seiner Schulvergangenheit Sprachen gelernt hat, werden die entsprechenden Erfahrungen in Sprachkursen Erwachsener aktualisiert. Anhand der Wahrnehmungsreflexion können diese Zusammenhänge herausgearbeitet und angegangen werden – v.a. in der Kontaktphase und in Auswertungssituationen.

Optische Täuschungen

Die optischen Täuschungen (s. unten) bieten Gelegenheit für ein spielerisches Wahrnehmungstraining.

Im weiteren möchte ich auf das Buch Lanners (1973) verweisen, das viele interessante Anregungen für Wahrnehmungs-Spiele enthält.

Die Waechtersche Täuschung

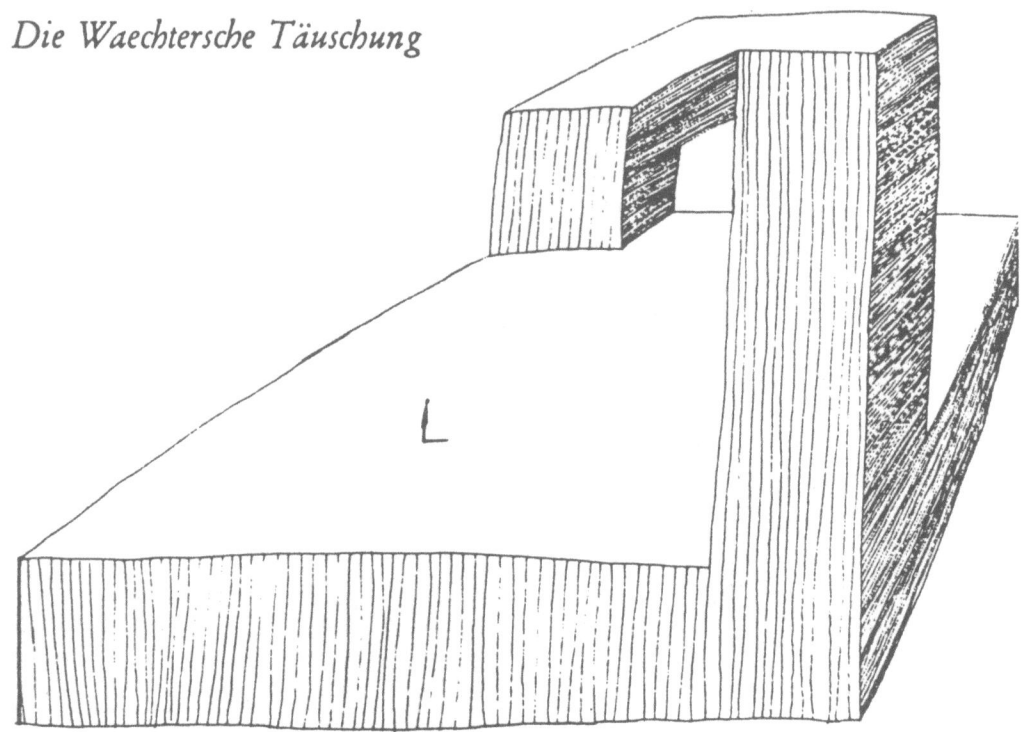

Mit diesem Blatt beweist F. K. Waechter den Aphorismus von Albert Einstein: „Raum und Zeit sind relativ." Zugleich enthält es eine warnende Mahnung: Wir stehen an der Schwelle des Atomzeitalters. Neue und unbekannte Dimensionen werden auf uns zukommen. Sind unsere Augen, die schon in der dreidimensionalen Welt immer wieder versagen, für diese Anforderungen auch nur annähernd gerüstet?

(Jeman/Wächter 1968, 210)

Die Alfred B. Neumannsche Täuschung

Diese Täuschungen sind besonders gefährlich, -gerade vor der zweiten kann nicht nachdrücklich genug gewarnt werden. Seitdem A. B. Neumann solche Kisten in den USA auf den Markt brachte, häufen sich Depressionen und Wahnsinnsanfälle im Pack- und Transportgewerbe.

Die Sauerwaldsche Täuschung

Sie heißt so, da ihr Entdecker, Franz Sauerwald, ihr besonders häufig erlag.

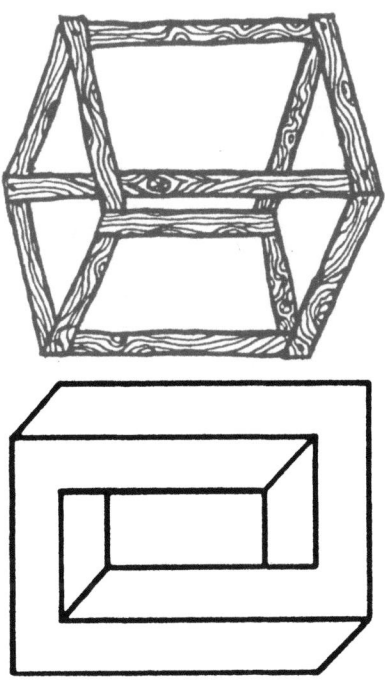

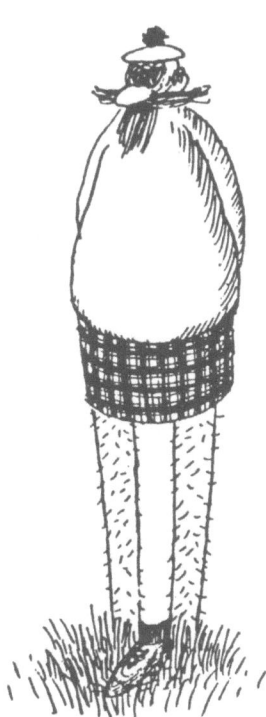

(Jeman / Wächter 1968, 210 ff.)

Zonen der Wahrnehmung

Wir haben fünf Sinne zur Wahrnehmung: Welcher dominiert? Der Geruch, der Geschmack, das Visuelle, das Gehör oder das Tastempfinden? Doch eigentlich gibt es noch einen sechsten Sinn, der meist übergangen wird, obwohl – oder gerade weil – er die umfassendste, ganzheitliche Wahrnehmung ermöglicht: der Körper, die Körperwahrnehmung.

Fordern sie die Teilnehmer auf, sich Zeit zu nehmen, um auf ihre momentanen Körperwahrnehmungen achtzugeben (s. *Stevens 1980*, 18ff.) nach ihren Präferenzen zu forschen, ihre «Wahrnehmungsschatten» zu lokalisieren. Regen sie ihre Teilnehmer an, Versuche anzustellen, Vernachlässigtes zu integrieren. Viel zu viele Kursleiter schränken die Teilnehmer (auch Lehrer ihre Schüler) aufgrund ihrer eigenen Wahrnehmungspräferenzen ein . . . In dieser Hinsicht wird deutlich, dass das Lernen *beim Kursleiter* und nicht erst beim Teilneh-

mer beginnt. In dem Masse wie der Lehrende lernt, lernt auch der Teilnehmer. Eine unumgängliche Tatsache . . . oder Behauptung.

Unterbrechen Sie an irgendeiner beliebigen Stelle Ihren Kurs / die Lehrveranstaltung für 5-10 Minuten. Fordern Sie die Teilnehmer auf, alles, was sie in dieser Zeitspanne wahrnehmen, festzuhalten, verbal (schreiben) oder nonverbal (durch Mimik, Gestik, Zeichnen, Malen, Musik . . .). Anschliessend stellt jeder Teilnehmer fest, welche Zonen seiner Wahrnehmung besetzt sind. Hinsichtlich der Thesen zur Wahrnehmung werden Bezüge sichtbar, die weitere Horizonte erschliessen. Der Zusammenhang zwischen Lernen und Wahrnehmung wird sicht- und erfahrbar.

Ja-aber-Gespräch

Wenn das ‹Ja-aber-Gespräch› auftaucht – und es taucht tatsächlich häufig auf –, kann es auch im Sinne einer paradoxen Verschreibung verwendet/eingesetzt werden. Die paradoxe Verschreibung meint ein für das System dysfunktionales Verhalten, das zur Regel erhoben wird.

Aber zunächst zum Ablauf und zur Funktion des Ja-aber-Gesprächs (s. auch o. S. 31):

Der Gesprächspartner beginnt mit: «Ja – ich stimme dir in allem zu.» Doch dann folgt das «Aber . . .» und anschliessend das Eigentliche, das Wichtige (gilt auch als Anweisung).

Im Prinzip wird im Ja-aber-Gespräch nur darauf gewartet, bis man widersprechen kann. Die eigene Meinung wird unter dem Deckmantel der (normentsprechenden) Kooperation bzw. des Zuhörens (der wichtigsten Gesprächsregel, die unterlaufen wird) vertreten. Es findet ein gegenseitiger Ausschluss und keine Verständigung statt. Es gibt keine Entwicklung, sondern nur Erhaltung des Status quo. Das Ja-aber-Gespräch ist ein Paradebeispiel des Aneinandervorbeiredens. Meist wird ein Sachkonflikt vorgeschoben, um einen Beziehungskonflikt zu überdecken, zu tarnen.

Die erwähnte paradoxe Verschreibung meint: Wenn sich das Ja-aber-Gespräch zwischen zwei Teilnehmern installiert – oder in der Gruppe –, interveniert der Leiter und erhebt das Ja-aber-Gespräch zur Gesprächsregel – mit der obigen Anweisung versehen. Dieses Vorgehen hat den Effekt, dass die Teilnehmer das «Ja-aber» selbst entlarven/entdecken in all seinen Bedeutungen.

Krahns Cranologie

Krahn *(Züri-Tip*, 15. Juli 1983)

Ich habe die Erfahrung gemacht: Wenn ich die Ja-aber-Interaktionen *nur* analysiere, darauf hinweise, hinterlässt dies meist keinen nachhaltigen Eindruck. Die eigentliche Einsicht fehlt, da dieses Interaktionsmuster völlig unbewusst gebraucht wurde – quasi als Zufall. Aber durch die Verschreibung wird dieser häufige Interaktionstyp erfahrbar, so dass er an Bedeutung, Einfluss verlieren wird.

Körpersprache

Der Körper ‹spricht› immer und überall (auch er kann sich nicht nicht verhalten im Sinne des Axioms von *P. Watzlawick)*. Meist sind wir uns dessen gar nicht bewusst. Diese Sprache ist dem Bewusstsein der meisten Menschen entzogen.

Auch Kursteilnehmer und Leiter ‹sprechen› mit und durch ihren Körper. Als Leiter empfange ich diese Botschaft – vielleicht auch die Kursteilnehmer untereinander.

Werden diese Botschaften einfach gespiegelt – die Teilnehmner werden darauf angesprochen, ich teile ihnen meine Wahrnehmung mit – fühlen sich die einen oder andern ertappt und bauen verständlicherweise Widerstände auf (das stimmt doch nicht, ich dachte gerade an . . .).

Stattdessen kann ich die Körpersprache als Methode verwenden. Ich fordere die Teilnehmer auf: «Setzen Sie sich, legen Sie sich, stehen Sie so hin, wie Sie sich im Moment gerade fühlen – vielleicht sind Sie auch in Bewegung – . . . Versuchen Sie Ihr Befinden mit entsprechender Mimik und Gestik zu unterstützen . . . Vielleicht müssen auch Tische und Stühle usw. umgestellt werden . . . alles, ohne miteinander zu sprechen . . .»

Vorerst versuchen alle Teilnehmner, ihr eigenes Befinden individuell auszudrücken – bemerken aber bald die Darstellungen der anderen – vielleicht fordern sie auch den Leiter dazu auf. Die einzelnen beginnen ihre Darstellung zu modifizieren bis auch das Gruppenbild stimmt.

Steht dem Kursleiter eine Videokamera zur Verfügung, kann der ganze Prozess dokumentiert werden – vielleicht besitzt er eine Polaroid-Kamera und kann einzelne Stadien des Prozesses festhalten.

Variante
Der Gruppenaspekt fällt weg.

«Ich möchte jedem von Ihnen Gelegenheit geben, der ganzen Gruppe mitzuteilen, wie Sie sich jetzt am Schluss der heutigen Kursstunde fühlen. Allerdings dürfen Sie dabei keine Worte verwenden, sondern drücken Ihre Ansichten und Gefühle durch Ihre Körperhaltung aus. Jeder stellt oder setzt sich so hin, wie es ihm zumute ist. Verschieben Sie, falls nötig, Tische und Stühle und probieren sie während zwei Minuten aus . . .»

Nach dieser Zeit beginnen die Teilnehmer reihum mit den Selbstdarstellungen. Die Gruppe versucht, zu jeder Darstellung einige Wörter oder Sätze zu assoziieren. Der Teilnehmer in der Rolle des Mimen spricht nicht. Er kann die Assoziationen anschliessend ergänzen, falls sie Wesentliches verfehlt haben (s. *König/Kappeler 1981,* 60).

Die Schwierigkeit dieser Variante: Wenn sich die Teilnehmer nicht gut kennen und diese Arbeit eher ungewohnt ist, treten u.U. recht starke Hemmungen auf.

Rügner *(K 82,* 5. Februar)

Der grosse Vorteil
dieser Methode gegenüber verbalen Verfahren:
Die Stellungnahmen zum Kursgeschehen sind viel
ganzheitlichlicher (v.a. in ersterer Variante).

Ein eventueller Nachteil:
Die Stellungnahmen sind nicht so präzise – doch
dies kann meistens an die nonverbale Arbeit ange-
schlossen werden, wenn es darum geht, Veränderungen aufgrund der Auswertung einzuleiten.

Lehrgespräch

Im Lehrgespräch ist der Kursleiter der Lehrende. Er bereitet aufgrund seiner Erfahrungen, seiner Kompetenz den ‹Unterricht› vor und vermittelt den Lernenden den ‹Stoff›.

Die Rolle des Lehrenden im Lehrgespräch kann sehr unterschiedlich sein. Das eine Extrem wäre der Dozent, der Professor, der den Stoff frontal darbietet und vielleicht am Schluss die Teilnehmer auffordert, Fragen zu stellen. Das andere Extrem wäre der Lehrende, der nur durch Fragen und Impulse den Stoff wie «Würmer den Lernenden aus der Nase zieht». Eine geschickte Mischung zwischen Darbietungen und Entwicklung zu finden, ist die grosse Kunst des Lehrgesprächs.

Das Lehrgespräch beabsichtigt, die dem zu behandelnden Thema zugrunde liegende Sachstruktur zu vermitteln bzw. zu erarbeiten. Diese netzartigen Strukturen beinhalten die verschiedensten Beziehungen zwischen einzelnen Aspekten der Thematik. Einzelne Aspekte – auch ganz neuer Themen – sind Erwachsenen immer bekannt. Diese zusammenzutragen bildet die Anfangsphase jedes Lehrgesprächs. Dieser Schritt ist entscheidend für die Motivation der Weiterarbeit. Hier wird die Brücke zum Neuen – zum Lernen – gebaut.

Anschliessend versucht der Leiter, durch Erarbeiten und Entwickeln einen Sachverhalt zu klären oder in eine bestimmte Fragestellung einzuführen. Die Lenkung des Leiters geschieht durch Impulse (verbal und nonverbal) und durch Fragen.

Fragetypen

Offene Fragen

Sie lassen maximale Antwortmöglichkeiten zu. Sie fordern Gesprächskontakt. Sie helfen, unerwartete neue Sachverhalte, Meinungen, Missverständnisse u.a.m. zu entdecken.

Beispiele:
○ Fragen nach Werthaltungen: Was denken Sie über . . . ? Was fühlen Sie, wenn . . .?
○ Fragen nach vergangenem, aktuellem, zukünftigem Verhalten
○ Begründungen: Warum? Wozu? . . .
○ Fragen nach dem Verhalten in bestimmten Situationen
○ Assoziationsfragen: Wenn Sie ‹Schule› hören, woran denken Sie?

Geschlossene Fragen

Bei geschlossenen Fragen sind die Antwortmöglichkeiten eingeschränkt.

Beispiele:
○ Wer? Wo? Wann? Wieviel? Welche?
○ Alle Fragen, die sich mit einem Ausdruck beantworten lassen.
○ Alternativfragen: X oder y oder z?
○ Suggestivfragen
  Sind Sie nicht auch der Meinung, dass alle Drogen verboten werden müssten?

Schaubilder

Als Grundstruktur – als ideale Vorbereitung von Lehrgesprächen eignen sich *Schaubilder*, die im Lehrgespräch aufgebaut, entwickelt werden. Folgendes Beispiel diente als Grundlage für ein Lehrgespräch innerhalb eines Curriculum-Projektes zum Thema «Allgemeine Didaktik – Vernetzung zwischen Psychologie, Pädagogik und Didaktik».

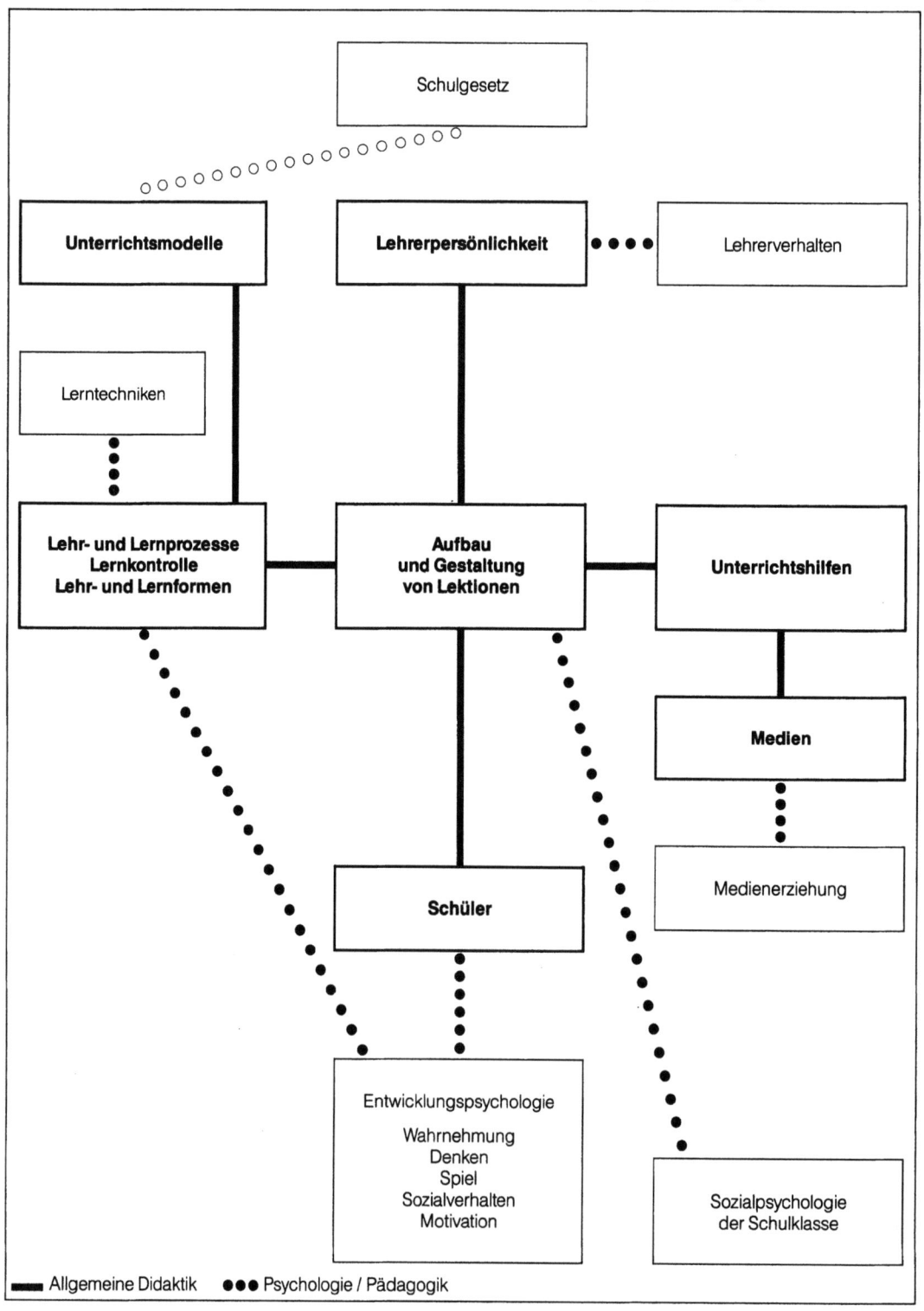

Das folgende Beispiel zeigt ein ‹Feedback-Diagramm›, ein Schaubild zum Thema «Verkehrsdichte und deren Vernetzung».

Feedbackdiagramm, das die Zusammenhänge über die Verkehrsdichte zeigt

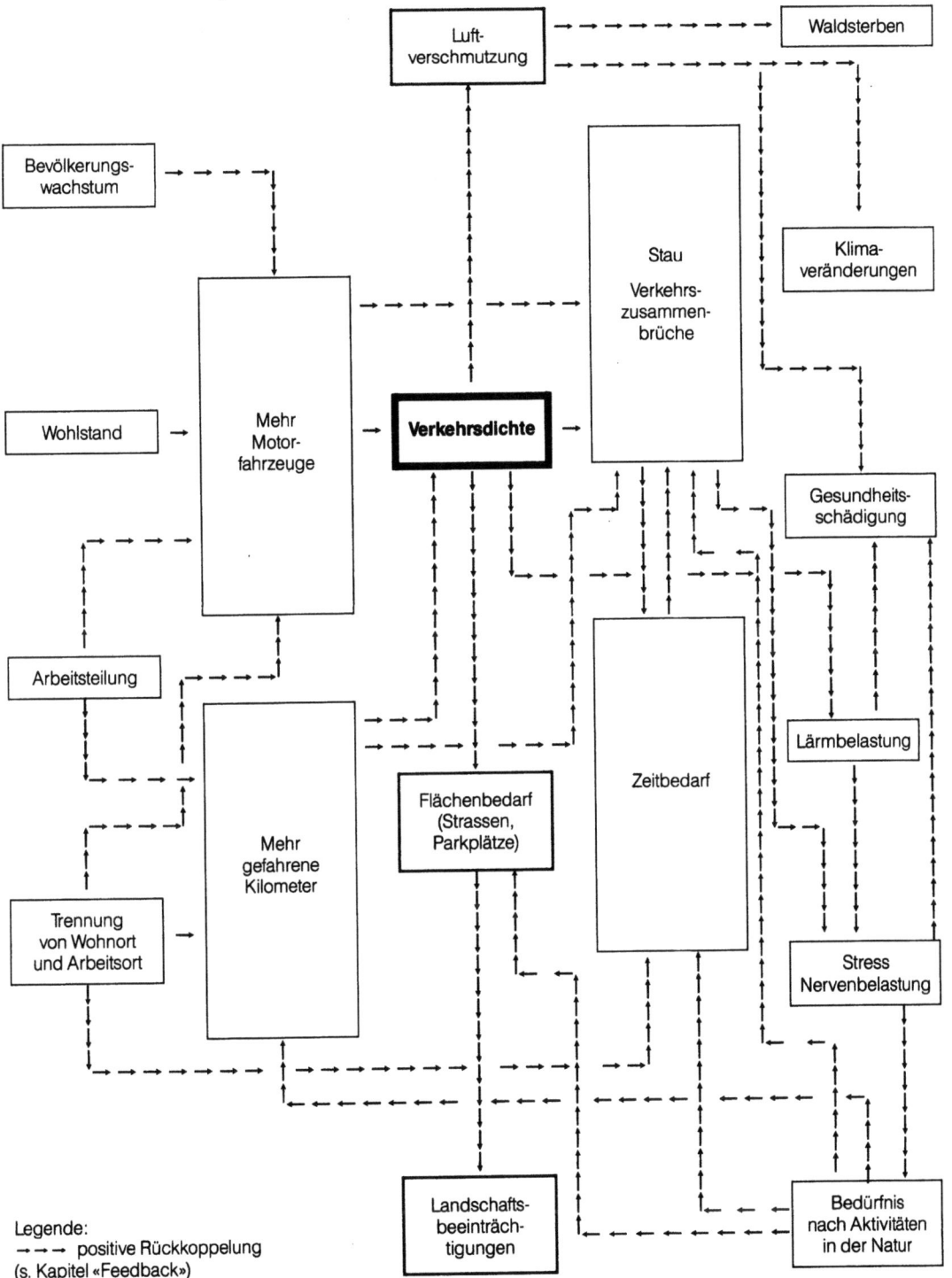

Legende:
→ → → positive Rückkoppelung
(s. Kapitel «Feedback»)

(Aus: *R. Dubs:* Umwelterziehung. Einflussmöglichkeiten der Berufsschule. 1984, 20)

Vorteile des Lehrgesprächs

- Regt die Teilnehmer zum Mitdenken an.
- Führt die Teilnehmer in die Strukturen ein.
- Die Inhalte sind planbar.
- Es schliesst an die Erfahrungen der Teilnehmer an.
- Das Lehrgespräch ist mit Vorträgen kombinierbar.
- In relativ kurzer Zeit kann der Kursleiter mit dem Lehrgespräch bei den Teilnehmern eine Basis schaffen – eine neue Betrachtungsweise einführen, sie mit einer neuen Fragestellung vertraut machen, um damit anschliessend weiterarbeiten zu können.

Nachteile des Lehrgesprächs

- Es kann ein Frage-Antwort-Unterricht entstehen, der die erwachsenen Teilnehmer eher lähmt als aktiviert.
- Die Teilnehmer warten auf weitere Impulse und Fragen. Wenn sie ausbleiben, sind sie passiv abwartend und somit stark leiterabhängig.
- Die Teilnehmer sind gefordert im Mit- und Nachdenken, aber nicht im Selbst-Denken.
- Schulerinnerungen werden aktiviert und beeinflussen entsprechend das Verhalten der Teilnehmer.

Cork *(SLZ 1981, 25)*

Platzanalyse

Erwachsenenbildung geschieht immer in Gruppen. Das Wohlbefinden der Teilnehmer hängt u.a. auch von der Gruppe ab, vom Platz des einzelnen in der Gruppe. Das Wohlbefinden des einzelnen Teilnehmers ist eine äusserst wichtige Lernvoraussetzung – auch in der Erwachsenenbildung.

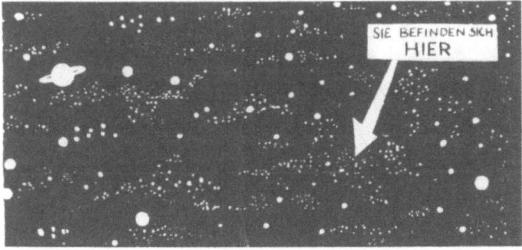

SIE BEFINDEN SICH HIER

(K 82, 13. Oktober)

Den einen Teilnehmern ist es wohl, wenn sie sich immer an ihren gewohnten Platz «verkriechen» können. Andere Erwachsene arbeiten bewusst daran, ihre Gewohnheiten abzulegen und sich einen neuen Platz zu suchen. In beiden Fällen kann die Gruppe eine wichtige Hilfe bieten. Nehmen wir diesen Sachverhalt ernst, so müssen wir ihn auch thematisieren. *Ruddies (1975, 77)* beschreibt eine interessante Übung:

Bestimmen Sie Ihren Platz unter Menschen!

Die nachfolgende Grafik (s. u. S. 104) wird auf grosse Plakate übertragen – es wird eine Folie für den Hellraumprojektor hergestellt oder jeder erhält eine Fotokopie . . . usw.

Vorgehensmöglichkeiten

a) Die Grafiken werden als Regieanweisungen benutzt. Jeder Teilnehmer «stellt» die andern – analog zu einer ausgewählten Vorlage – und nimmt dann seinen Platz ein, wo er sich wohlfühlt. Anschliessend werden die gemachten Erfahrungen ausgetauscht.

b) Jeder Teilnehmer zeigt (zeichnet), wo sein Platz liegt, wo er sich wohlfühlt.
Auf diese Weise – v.a. wenn die bevorzugten Plätze eingezeichnet werden – entsteht eine interessante Übersicht. Wo gibt es Konzentrationen? Welche Plätze bleiben leer? Welche Gruppenstrukturen werden bevorzugt oder entstehen?

Die entstandene Struktur kann auch für Auswertungen auf der sozialen, gruppendynamischen Ebene verwendet werden.

c) Jeder Teilnehmer zeichnet seinen Platz ein (wie b). Anschliessend zeichnet er auf einem leeren Plakat die Gruppenmitglieder, die seinen Platz mitdefinieren, ein: also die Gruppensktruktur und seinen bevorzugten Platz. Die Gruppenstruktur wird eine analoge Struktur aufweisen wie jene Grafiken, in denen ein Teilnehmer seine Bevorzugungen eingezeichnet hat (wenn beispielsweise von einem Teilnehmer der bevorzugte Platz in der Zweierbeziehung gesehen wird, so wird diese auch die Gruppenstruktur dominieren).

Anwendungsmöglichkeiten

● In der Vorstellungs- bzw. Kontaktphase Variante a). Varianten b) und c) setzen einerseits schon einen recht grossen Vertrautheitsgrad voraus, andererseits sollen die Absichten dieser Methoden – Arbeit auch auf der gruppendynamischen Ebene – mit Kurszielen und -inhalten übereinstimmen.

● Als Bestandteil von Auswertungen.

● Wenn in der Kursgruppe Unwohlsein, Unzufriedenheit, Unlust (beispielsweise im «Smily» (s. o. S. 63f.) auftaucht.

● Beim Auftreten starker Hemmungen einzelner Teilnehmer.

● Wenn immer die gleichen Teilnehmer aktiv oder passiv sind und daraus Blockierungen entstehen.

● Wenn Teilnehmer sich bedrängt fühlen oder bedrängt werden.

● Interessantes Zwischenspiel bei allen gesellschaftlichen Fragen (Standorte der Argumentation lokalisieren).

● Auswertung von Diskussionen.

● Usw.

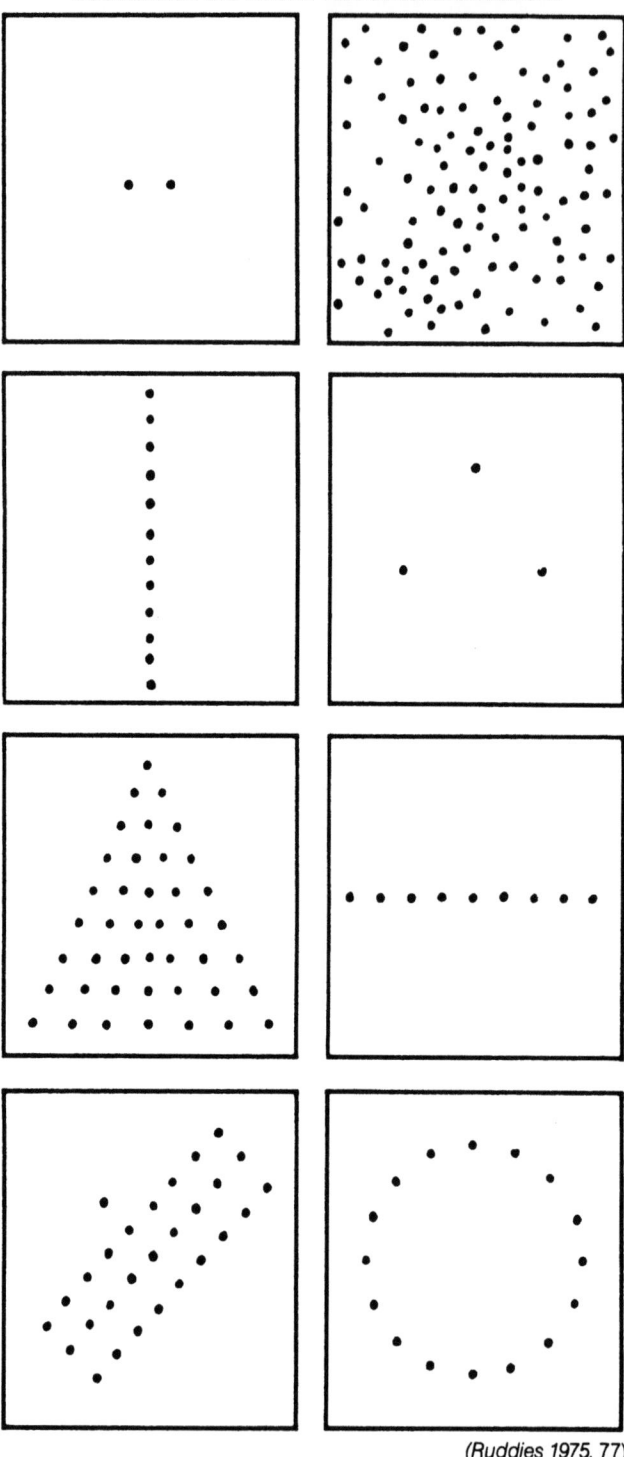

Bestimmen Sie Ihren Platz unter Menschen!

(Ruddies 1975, 77)

«Wenn man einmal gelernt hat, wie Fragen zu stellen sind – wichtige, angemessene und substantielle Fragen –, dann hat man gelernt, wie man lernt, und niemand wird einen hindern können, zu lernen, was man auch immer wissen will oder muss.»
(Postman/Weingartner 1972, 45)

Die beiden Autoren gehen von drei Metaphern McLuhan's aus, um ihr Konzept von «Fragen und Lernen» zu begründen und zu illustrieren.

① Spiel der ‹Verleumdung durch Kennzeichnung›

Eine Idee wird oft abgetan, indem man sie benennt und einordnet – versorgt. Man weiss Bescheid und braucht nicht länger nachzudenken. Entspannung tritt ein – die notwendige Spannung für das weitere Lernen fehlt.

McLuhan weist darauf hin, dass ein Medium ein Prozess ist und kein Gegenstand. Er verdeutlicht dies am Beispiel der Massage: Aus gesundheitlichen Gründe ist es besser zu wissen, wie der Vorgang der Massage *abläuft* und nicht so wichtig, wie man ihn nennt.
Die Fragemethode ist eine Massage, ein Prozess. Nichts davon wird deutlicher, wenn man ihn benennt.

② Das Rückspiegelsyndrom

(Sempé 1974, 79)

Diese Metapher besagt, dass die meisten von uns unfähig sind, den Einfluss neuer Medien zu begreifen, weil wir uns wie Autofahrer verhalten, deren Blick nicht nach vorne, sondern nach rückwärts gerichtet ist (Rückspiegel).

Die Lokomotive wurde als «eisernes Pferd», die Glühbirne als mächtige Kerze aufgefasst . . . Die häufigste Reaktion auf Neuerungen: statt sich darauf einzulassen – auch nur mit den Augen – schauen wir wehmütig – via Rückspiegel – zurück.

Die Frage-Methode ist ein neues Medium, nicht eine Neuauflage der sokratischen Methode, nicht eine Verfeinerung des Frageunterrichts.

③ Der rote Faden

Der rote Faden steht für die lineare Abfolge von Ereignissen. Da in unserer Zeit Informationen, Erkenntnisse, Wissen exponential zunehmen, können die roten Fäden nur noch durch Reduktion, durch Vorentscheidungen, die bestimmte Werte und Absichten bedingen, aufrechterhalten bzw. konstruiert werden. Curricula sind meist eine Ansammlung von dicken und feinen roten Fäden. Auf dieser Grundlage wird Unterricht entwickelt.

McLuhan behauptet nun, dass wir *ohne* Ablenkung durch einen roten Faden einen sehr hohen Grad der Teilnahme und des Engagements an Lernvorgängen erreichen. Zur zentralen Aufgabe der intellektuellen Arbeit gehört das aktive Suchen und Untersuchen der Strukturen und zwar unter Einbeziehen eigener Muster und Erfahrungen.

Die Fragemethode macht den Lehrplan überflüssig. Die Erwachsenen entwickeln ihre eigenen Geschichten. Die Fragemethode insistiert darauf, dass das Lernen selbst ein Ereignis ist (s. *Postman/Weingartner* 1972, 54).

Folgerungen für die Erwachsenenbildung

«Antworten sind Zahnräder in der Fragekette.» (F. Mohn)

1. Fragen sind grundlegend für die Gespräche mit den Lernenden: konvergente und divergente, wobei die letzteren die wichtigeren sind, denn sie erweitern das Bewusstsein. Fragen sind Werkzeuge, um in unbekannte Bereiche vorzustossen, und nicht, um schon bekannte Geschichten nachzuerzählen. Um immer bessere Werkzeuge zur Verfügung zu haben, werden Fragen erzeugt, die den Teilnehmern anfänglich noch nicht bewusst waren.

2. Eine einfache Aussage als Antwort auf eine Frage (Ja, Christoph Kolumbus, 1291 . . .) wird

nicht mehr akzeptiert. Gute Antworten sind immer willkommen. Aber richtige Antworten verhindern meistens weiteres Nachdenken. Der Grund ist nicht gefragt, sondern Gründe. Nicht die Bedeutung ist gefragt, sondern Bedeutungen.

3. In der Erwachsenenbildung liegt das Schwergewicht auf den Interaktionen zwischen den Lernenden. Versteht sich ein Kursleiter auch als Lernender, so ist er selbstverständlich eingeschlossen.

4. Ein Kursleiter fasst selten bis gar nie die verschiedenen Teilnehmer-Äusserungen zusammen. Die Tätigkeit des Zusammenfassens blockiert oft das weiter Nachdenken. Lernen ist ein Prozess und kein abschliessbares Ereignis, kein Produkt.

5. Ein Kurs wird aus den Reaktionen der Teilnehmer mit ihnen zusammen geplant. Ein Kursleiter braucht mehr Zeit, den Teilnehmern zuzuhören, als auf sie einzureden.

6. Grundsätzlich stellt ein Erwachsenenbildner die Teilnehmer vor Probleme, vor neue Problemstellungen. Sein Ziel ist es, die erwachsenen Teilnehmer in Tätigkeiten einzuführen, durch die Wissen produziert wird: definieren, fragen, beobachten, klassifizieren, verallgemeinern, untersuchen, anwenden, experimentieren (s. *Postman/Weingartner 1972*, 63). Wissen ist das Resultat solcher Aktionen.

7. Der Erfolg wird am Grad der Verhaltensänderung gemessen.

(Brühwiler 1977, 23)

4,5832849

Beispiele:
○ Die Häufigkeit, mit der Teilnehmer Fragen stellen, Zunahme der Wichtigkeit und Schlüssigkeit ihrer Fragen.
○ Gesteigerte Fertigkeiten beim Beobachten.
○ Klassifizieren, Strukturieren von Beobachtungen.
○ Zunahme von Toleranz gegenüber anderslautenden Meinungen.
○ Bereitschaft, den eigenen Standpunkt zu verändern, wenn es Daten, Begründungen gibt, die dies rechtfertigen usw.

8. In der Erwachsenenbildung steht meist nicht irgendein oder nur ein Fach im Mittelpunkt, sondern der Erwachsene selbst.

9. Wenn ein Erwachsenenbildner neue Funktionen übernimmt und ein neuartiges Verhalten zeigt, tun es die Teilnehmer ebenfalls.

10. Diesen Grundhaltungen entspricht auch die Projektmethode.

Wichtige – wesentliche Fragen

Was ist ›gute Idee‹?
Woran kannst Du es erkennen, wenn eine gute oder lebendige Idee zu einer schlechten oder toten Idee wird?
Welche Ideen des Menschen sollte man besser vergessen?
Wie würdest Du entscheiden?
Was ist ›Fortschritt‹?
Was ist ›Veränderung‹?
Welches sind die deutlichsten Ursachen von Veränderungen?
Welches sind die unscheinbarsten? Welche Bedingungen sind notwendig, damit Veränderungen eintreten können?
Welche Arten von Veränderungen gehen gegenwärtig vor sich?
Welche sind wichtig? Wie unterscheiden sie sich von früheren bzw. inwiefern gleichen sie ihnen?
Welches sind die Beziehungen zwischen neuen Ideen und Veränderungen?
Woher kommen neue Ideen? Wie geschieht dies? Was ergibt sich daraus?
(Aus: Postman/Weingartner (1972), 95f.)

PS

Dieses Kapitel ist eine Zusammenfassung von *Postman/Weingartner 1972*. Es ist sehr empfehlenswert, das ganze Buch zu lesen!

Entraînement mental

Als Anregung möchte ich einen kurzen Abriss über das «Entraînement mental» geben. Wer sich mehr dafür interessiert, besorge sich die Schrift:

Methodik der Erwachsenenbildung im Ausland ‹Entraînement mental›. Arbeitsunterlagen für Volkshochschulen, Heft 10, 1965/2 (Hg.: Pädagogische Arbeitsstelle des deutschen Volkshochschulverbandes e.V., 6 Frankfurt, Eysseneckstrasse 6)

Das «Entraînement mental» ist eine pädagogische Methode, die aus der Erfahrung von Autodidakten und aus einigen kontrollierten praktischen Verfahrensweisen entstanden ist, sowohl für die Zwecke der Volksbildung, wie für die zunehmende Nutzung der Sozialwissenschaften zur Anhebung des Bildungsniveaus der breiten Massen (Bauern, Arbeiter, kleine Angestellte) (s. ME, S. 13). Die Absicht besteht darin, jedem einzelnen zu ermöglichen, sich aktiv am wirtschaftlichen, sozialen, politischen und kulturellen Leben zu beteiligen – unabhängig von seiner sozialen Herkunft und seinem Bildungsniveau – und so der bestehenden und zunehmenden Verunsicherung in unserer Zeit entgegenzuwirken.

Es werden drei Voraussetzungen für die aktive Teilnahme am gesellschaftlichen Leben beschrieben:
○ Fähigkeit zur Analyse seiner Umwelt
○ kritische Auswahl und Verarbeitung von Informationen / persönliche Bildung
○ Befähigung zur Kommunikation

Auf diesen Voraussetzungen baut das «Entraînement mental» auf.

1. Stufe: Bestandesaufnahme – Information

● *Phase 1:*
Aufzählen (Gesichtspunkte, Merkmale, Symptome von Sachverhalten, Ansichten, Meinungen, Situationen)
Beschreiben

● *Phase 2:*
Vergleichen und unterscheiden

● *Phase 3:*
Einordnen
Definieren (für Alltagsgebrauch)

Zwischenstufe: Diskussion und Debatte

Ansichten – Meinungen – Widersprüche

2. Stufe:
Theoretische Überlegungen – Reflexion

● *Phase 1:*
Zeitliche und räumliche, historische und geografische Einordnung

● *Phase 2:*
Ursachen – Gründe – Folgen

● *Phase 3:*
Gesetzmässigkeiten und Theorien

3. Stufe: Folgen
● für das eigene Verhalten
● gemeinsame Aktionen gegen aussen

Zusammenfassende Grundgedanken dieser Methode (s. ME, S. 17)

1. Das progressive Vorgehen:
Erst aufzählen und dann beschreiben.
Erst beschreiben, dann definieren.
Erst sich informieren über den Gegenstand und dann nach Ursachen suchen. Usw.

2. Immer eine der genannten Phasen
steht im Vordergrund eines Kursabends. Das schliesst nicht aus, dass andere Phasen auch berücksichtigt werden.

3. Es handelt sich um das Prinzip,
dass immer eine bestimmte Zielsetzung im Vordergrund steht, die jeweils einer Voraussetzung dient: der Umweltanalyse, der persönlichen Bildung und der Fähigkeit zur Kommunikation.

Das «Entraînement mental» ist eine rationale/verbale Methode, die streng, konsequent durch den Leiter gehandhabt wird. Ich bin aber der Ansicht, dass durchaus andere Methoden (der vorliegenden Sammlung) Platz haben oder sogar die Grundstruktur anreichern können. Diese pädagogische Methode ist für Arbeitskreise konzipiert worden. Sie wird auch gelehrt, damit Arbeitskreise selbständig arbeiten können (Hilfe zur Selbsthilfe).

Die Aufteilung in die einzelnen Stufen und Phasen bedeuten nur bedingt auch eine zeitliche Einteilung.

**Ich höre und vergesse.
Ich sehe und erinnere mich.
Ich handle und begreife.**

(Chinesisches Sprichwort)

Bachélard (zit. in: *Singer 1978*, 47) schreibt, «[. . .] dass die ‹kreative Imagination› eine fundamentale menschliche Erfahrung sei und faktisch einen ebenso grossen Teil menschlicher Wirklichkeit bilde wie die gespeicherten Reproduktionen von äusseren Ereignissen und Stimuli».

Mit Imagination meinen wir die Einbildungskraft, die Fähigkeit, uns nicht Präsentes zu vergegenwärtigen. Vorstellungskraft und Phantasie werden oft synonym verwendet. Die Phantasie ist nicht einfach das kompensatorische Gegenbild der Realität, sondern ein Hilfsmittel des Menschen, die Realität mit Hilfe seiner Vorstellungen von Vergangenheit und Zukunft zu ordnen. *J. E. Shorr* beschreibt ein einfaches Beispiel: «Fragen sie jemanden, wieviele Türen es in seinem Elternhaus gab. Wenn wir uns diese Frage selbst stellen, werden wir anfangen, uns ein Bild des Hauses ins Gedächtnis zu rufen mit den Treppen, Räumen usw. Dabei fangen wir an, die Türen zu zählen. So rekonstruieren wir die Realität der Vergangenheit in der Gegenwart. Wenn wir aufgefordert werden, uns ein unbekanntes Haus vorzustellen, dann orientieren wir uns immer an der Vorstellung von früher gesehenen Häusern, was immer wir uns auch ausdenken.» *(Shorr 1981*, 18).

Forschungen haben gezeigt, dass die Imaginationsfähigkeit bei Kindern bereits vor der Sprache ausgebildet ist. Vor allem durch den Einfluss der schulischen Bildung bleibt die Fähigkeit zur Imagination meist auf einer vorschulischen Entwicklungsstufe stehen. In der Schule sind «Fantasien im Rahmen» erwünscht wie z.B. im Aufsatzunterricht, im Zeichnen, Werken . . . . Das sogenannte logische Denken wird trainiert – u.a. auf Kosten der Imaginationsfähigkeit. auch berühmte Köpfe wie Albert Einstein drangen mit ihren Postulaten nicht durch, wie z.B.: «Fantasie ist wichtiger als Wissen.»

Die Anwendungsbereiche (auch ohne therapeutisch zu arbeiten) sind unwahrscheinlich vielfältig. Einige werden folgend beschrieben – als Anregung: Lassen Sie ihrer Fantasie freien Lauf! Sie werden bestimmt viele neue Möglichkeiten finden!

● **«Ich interessiere mich für meine Zukunft, ich werde den Rest meines Lebens dort verbringen.»** *(Ch. Kettering*, zit. in: *Singer 1978*, 178)

In einer angeleiteten oder stillen Imagination (Beispiele folgen) versuchen sich die Teilnehmer in ihre Zukunft zu begeben. Was wird auf sie zukommen?

Was begegnet ihnen? Wie ist ihnen dabei zumute? Wo konstellieren sich Wünsche, Probleme? Wie werden Wünsche realisiert? Wie werden Probleme gelöst? Treten ‹Filmrisse› auf? Was passiert danach? Gelingt es dem einzelnen, sich in die Zukunft zu begeben?

Anschliessend werden Erfahrungen, Erlebnisse, Probleme, die aufgetaucht sind, gesammelt und gemeinsame Themenbereiche gebildet, die dann im Kurs bearbeitet werden können.

● *Anleitung zur Imagination*

In einem schulhausinternen Kurs (Lehrerfortbildung) zum Thema «Der schwierige Schüler» versuchte ich mit Hilfe einer Imaginationsübung das Verhalten der Lehrer gegenüber den Symptomen schwieriger Schüler aus ihrer Klasse zu aktualisieren.

«Setzen Sie sich so bequem wie möglich hin – schliessen Sie die Augen – entspannen Sie alle Muskeln – achten Sie auf Ihren Atem . . .
Gedanken, die kommen, schauen Sie an und lassen sie wieder gehen – halten Sie nichts fest, und konzentrieren Sie sich darauf, was in Ihrem Körper vorgeht . . .
Es ist Donnerstag (Kurstag war der Mittwoch). Sie befinden sich auf dem Weg zu Ihrem Klassenzimmer – oder, wenn Sie nicht dort unterrichten, zu Ihrer Klasse – Was bewegt Sie? Wie sind Sie gestimmt? Was erwartet Sie? . . .
Die Schüler treffen ein – Sie grüssen sich – Sie betrachten jeden Schüler – wie reagieren Sie auf jeden einzelnen? Was meldet sich in Ihnen? Lassen Sie sich Zeit . . .
Konzentrieren Sie sich jetzt auf einen Schüler, der Ihnen Schwierigkeiten bereitet, Ihnen Mühe macht . . . bleiben Sie bei diesem Kind – Welches sind seine Symptome? . . . Wie reagieren Sie auf diese Auffälligkeiten – in bestimmten Situationen – und wie ist Ihnen dabei zumute? . . . Ist das Verhalten dieses Schülers immer gleich? – Wann ist es anders? . . .
Kommen Sie jetzt langsam – in Ihrem Tempo – zurück . . .»

Emotionale Feuerwehrübung
(Lazarus 1980, 127)

Der Sinn einer emotionalen Feuerwehrübung besteht darin, zu verhindern, dass man unvorbereitet von einem bestimmten Ereignis betroffen wird.

Beispiel

Mir wird die Arbeitsstelle gekündigt. Wie reagiere ich darauf? Betroffenheit? Wie werde ich weiterleben? Wie sieht in dieser Situation (möglichst konkret) mein Tagesablauf aus?

Hier könnte der Leiter die Zeitstruktur eingeben (es ist Dienstag, ich erwache – schaue auf den Wecker . . ., einen Monat später . . .). Weiter regt der Leiter die Teilnehmer an, auf ihre Gefühle, Stimmungen zu achten.

Anschliessend berichten die Teilnehmer von ihren Erfahrungen. Aus diesem Austausch entstehen Fragen, Probleme, Anliegen usw., die weiterführen.

Berufliche Schicksalslinie

(Vopel 1976, 70ff.)

Das Ziel dieser Übung besteht in der ‹Wiederholung› der schulischen und beruflichen Entwicklung jedes Teilnehmers. Wie ist es zur jetzigen Situation gekommen? Die Übung bietet eine gute Voraussetzung, sich auf persönliche Fragen der Zukunft einzulassen. Meine Erfahrungen mit dieser Übung: sie trägt zu einer guten, kooperativen Arbeitsstimmung bei (s. *Vopel 1976*) und bringt viel gegenseitiges Verständnis, Kennenlernen, Anregungen und Fragen.

Die Gruppengrösse sollte 12 nicht übersteigen.
Material: für jeden Teilnehmer wird ein grosser Papierbogen benötigt, Filzstifte und Ölkreiden.

Anleitung (nach *Vopel*, leicht verändert)

«Jeder hat nun Gelegenheit, sich mit seiner schulischen und beruflichen Entwicklung vom Anfang bis zum jetzigen Zeitpunkt zu befassen.
Suchen Sie sich im Raum einen Platz, wo Sie ungestört sind. Machen Sie es sich bequem und schliessen Sie die Augen . . . .
Achten Sie auf Ihren Atem. Wie atmen Sie? Wo spüren Sie Atembewegungen? . . . .
Konzentrieren Sie sich jetzt auf Ihre Gedanken. Schauen Sie diese Gedanken an . . . halten Sie aber nicht daran fest . . . lassen Sie sie wieder gehen . . .
Stellen Sie sich vor, dass der Kopf ganz leer ist. Denken Sie jetzt an Ihre berufliche Entwicklung vom Beginn bis heute . . . (1 Minute warten) . . .
Vergegenwärtigen Sie sich alle wichtigen Ereignisse und Situationen des beruflichen Lebensweges . . . alle Höhepunkte und alle Tiefen, die Sie dabei erlebt haben . . .
Lassen Sie sich für diesen ‹Film› 5 Minuten Zeit . . .

Verweilen Sie dort, wo Sie gerade sind . . . und kommen Sie dann in unsere gemeinsame Situation zurück . . .
Holen Sie sich einen Papierbogen, Kreiden, Filzstifte und stellen Sie Ihren schulischen und beruflichen Lebensweg als Grafik dar. Sie beginnen irgendwo auf der linken Seite und führen dann den Stift oder die Kreide über das Papier, indem Sie alle Höhepunkte und Tiefen, wie Sie sie erlebt haben, zum Ausdruck bringen . . . Bewegen Sie sich so langsam auf die Gegenwart zu. Sie haben dazu etwa 8 Minuten Zeit . . .»

Besprechung

a) Jeder zeigt der Gruppe sein Bild ohne Kommentar.
b) Wer möchte, kann jetzt der Gruppe sein Bild erklären. Wer etwas nicht versteht, kann nachfragen – es sollte aber noch keine Interpretation, keine Diskussion erfolgen.

Auswertung

a) Was habe ich während der Übung empfunden?
b) In welchem Verhältnis stehen bei mir berufliche Höhepunkte zu den Tiefen?
c) Gibt es Auffälligkeiten, Muster in meiner beruflichen Entwicklung? Tendenzen?
d) Wie reagier(t)e ich auf die Zeichnungen der andern Teilnehmer?

Gespräche

Zum Abschluss diese Kapitels möchte ich einige Möglichkeiten aufzeigen, wie mit Hilfe von Imaginationsübungen an Gesprächen (Gesprächsführung) gearbeitet werden kann.

● «Versuchen Sie sich ein Ihnen wichtiges Gespräch aus der unmittelbaren Vergangenheit zu vergegenwärtigen . . . ein beglückendes, ein erfolgreiches, ein schwieriges, ein gescheitertes . . .»

Kurze Entspannung (s. obige Beispiele), Augen schliessen, bequeme Haltung und Ort, wo es mir wohl ist, finden . . .

Anleitung

In ruhigem Ton, mit genügend langen Pausen hilft der Leiter den Teilnehmern, anhand der folgenden Fragen ihre Bilder zu verdeutlichen und zu vervollständigen.

«Wo hat das Gespräch stattgefunden? Ort? Wohlbefinden? Wie fühle ich mich in diesem Raum, in der Situation? Gefällt es mir hier? . . .

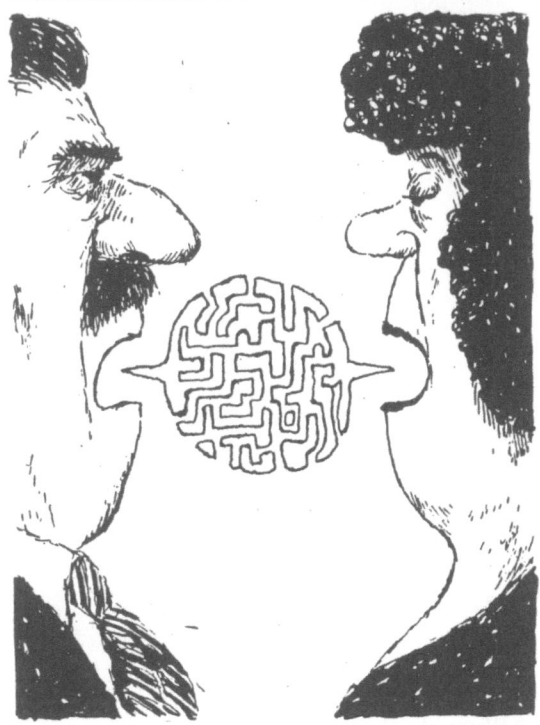

Krahns Cranologie

Krahn *(KC)*

Welche Kleider trage ich? Ist es mir bequem? Sitze, stehe, liege ich – ist es mir wohl in dieser Lage? . . .
Höre ich meine Stimme? Wie wirkt sie auf mich? . . .
Wie spüre ich mich in dieser Situation? Mimik? Gestik, Lebendigkeit? . . .
Wer ist mein Gegenüber? . . .
Wie verläuft unser Gespräch? . . .
Hat sich etwas in mir verändert? In meiner Haltung, meiner Position, meiner Befindlichkeit?
Lassen Sie das Gespräch ausklingen . . . in ihrem Tempo . . . und kommen Sie in die Kurssituation zurück.
Wählen Sie einen Partner, dem Sie von Ihrem Gespräch berichten. Der Partner hört zu. Er versucht, das Gespräch nachzuvollziehen. Der Austausch erfolgt erst nach dem Rollenwechsel.»

● Heute möchten wir *gestaltend in die Zukunft* einwirken. Dazu verwenden wir unsere Innenbilder (s. *Lazarus 1980*, 123ff.): unsere Worte, Ideen, Werte, Einstellungen sind alle voll von Bildern. Es geht darum, diese Bilder zu finden. Diese Bilder von uns selbst, von unseren Gesprächspartnern sind meist bewusst oder unbewusst unsere Leitbilder, nach denen wir uns auch verhalten. Aus diesem Grunde ist es bedeutsam, wichtig, sie kennenzulernen. Mit Hilfe dieser Bilder erkennen

wir neue Gestaltungsmöglichkeiten, finden neue Veränderungsansätze. Wir haben so die Möglichkeit, unseren eigenen Prophezeihungen auf die Spur zu kommen.

Erster Teil: Einstellen der Zukunft

«Es gibt Gespräche, die auf uns zukommen – vielleicht ahnen wir, dass etwas auf uns zukommt – vielleicht haben wir wichtige Gespräche immer wieder hinausgeschoben – haben die passende Gelegenheit nicht gefunden – haben Angst – oder die Zeit ist noch nicht ‹reif›.

Ich lasse in meiner Vorstellung ein Gespräch entstehen, das auf mich zukommt. Ich nehme eine mir bequeme Haltung ein, so dass es mir in meinem Körper wohl ist.

Mit wem führe ich dieses Gespräch? . . .
Sehe ich meinen Gesprächspartner? . . .
Wie ist meine Stimmung? . . .
Wo wird das Gespräch stattfinden? Ist es mir wohl an diesem Ort? . . .
Wie bin ich gekleidet? . . .
Wie verläuft das Gespräch? . . .
Welche Gefühle empfinde ich während des Gesprächs? . . .
Kann ich mich hören? . . .
Sehe ich meine Mimik, meine Gesten? . . .
Wie endet das Gespräch? . . . »

Zweiter Teil: Einwirken auf das Gespräch

Einführung: Viele Menschen üben die wichtigen Gespräche in imaginierten Dialogen. Aber oft werden die Gespräche in den Vorstellungen zu wenig ausgeführt. Viele unterlassen es, Szenen klar und gründlich zu üben. Dann fehlen in entscheidenden Momenten oft die richtigen Worte. Das Probehandeln in der Vorstellung erleichtert das Gespräch und bringt Selbstsicherheit.

«Ich nehme eine mir bequeme Haltung ein, schliesse die Augen und werde ruhig . . .
Ich versuche das gleiche Gespräch wie vorhin einzustellen . . . .
Ich versuche nun, dem Gespräch nach meinen Wünschen einen andern Verlauf zu geben . . . es zu verändern . . . hinsichtlich
○ der Wahl des Zeitpunktes,
○ der Wahl der Örtlichkeit,
○ meiner Haltung,
○ meiner Stimme,
○ meiner Kleidung,
○ meiner Mimik und Gestik,
○ meiner Interventionen, meiner Strategien,
○ usw.»

Ein Gespräch, dem Grenzen gesetzt sind.

(B 82, 7. September)

Nach etwa 10 Minuten fordert der Leiter die Teilnehmer auf, wieder zurückzukommen.

Oft tauchen in diesem zweiten Teil Widerstände auf, z.B. dass Veränderungen nicht gelingen, dass das Bild plötzlich verschwindet, sich ganz andere Bilder einstellen, dass überhaupt nichts kommt usw. Das macht aber gar nichts. Es ist so schwierig, wie es für den einzelnen neu ist. Ermutigen Sie Ihre Teilnehmer, es immer wieder und wieder zu versuchen.

Wichtig für die Durchführung

● Für eine ruhige Atmosphäre sorgen – Lärm lenkt ab – z.B. auch Pausenzeichen, Glocken usw.

● Ich fordere die Teilnehmer immer auf, eine bequeme Haltung einzunehmen, ruhig zu werden, auf den Atem zu achten, die Augen zu schliessen – achte aber darauf, die Teilnehmer nicht in eine Tiefenentspannung zu führen. Darum halte ich die Entspannungsphase kurz und führe die Übungen bei Tageslicht oder normaler Beleuchtung durch.

● Wenn ein Teilnehmer einschlafen sollte, was nicht weiter tragisch ist, versuche ich, ihn sanft zu wecken, indem ich ihn anspreche, ihn berühre . . .

● Wenn die Anleitungen des Leiters zu hastig erfolgen, stören sie die Imaginierenden. Dies kann so weit gehen, dass die Bilder verschwinden, die Teilnehmer sind irritiert und werden vielleicht aggressiv.

Um sich selber zu kontrollieren, imaginiere ich in meinem Zustand meistens mit. Auch mir tauchen Bilder auf, die ich ausgestalten kann.

pa *(Stern)*

Arbeitsgruppen-Modell

Diese Möglichkeit zur Selbst- und Fremdbeurteilung unterscheidet sich von ähnlichen Methoden darin, dass der Einstufungsbogen durch die Kursgruppe selbst konstruiert wird. Die Gruppe überlegt sich in Eingangsgesprächen, welche Ziele sie mit welchen Mitteln erreichen möchten. Darin besteht der grosse Vorteil dieser Methode. In der Folge treten keine Verständigungsprobleme auf. Es besteht eine optimale Übereinstimmung zwischen den Lernzielen der Kursleiter/Teilnehmer und den Beurteilungspunkten des Instruments. Die Motivation zur Selbst- und Fremdbeurteilung wird erfahrungsgemäss grösser.

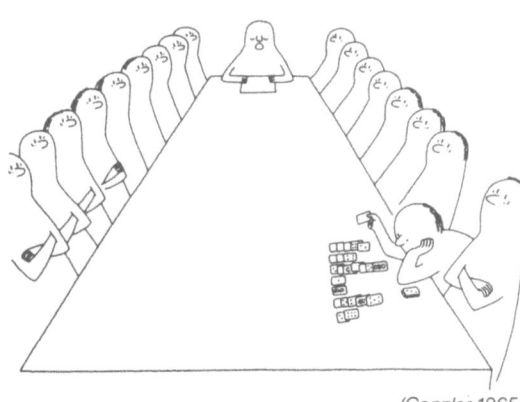

(Canzler 1965)

Zur Vorbereitung erhalten die Teilnehmer einen Fragebogen. Im Text wird darauf hingewiesen, dass wir alle aufgrund unserer Erfahrungen Vorstellungen haben, wie Arbeitsgruppen funktionieren sollten. Dadurch weisen wir auch darauf hin, dass es sich nicht um sogenannte Selbsterfahrungsgruppen handelt. Die zwei Fragen, die im Fragebogen enthalten sind, beinhalten Erwartungen und Befürchtungen an die Entwicklung der Arbeitsgruppe im Kurs.

Der Zeitpunkt dieser Kursbefragung kann unterschiedlich gewählt werden:
- Der Fragebogen wird vor dem Kurs an die angemeldeten Teilnehmer gesandt. Die Ergebnisse liegen in der ersten Sitzung vor.
- In der ersten Sitzung wird der Fragebogen beantwortet.
- Zwischen der 1. und 2. Sitzung wird der Fragebogen beantwortet, und in der 3. Sitzung kann mit der Beurteilung begonnen werden.

Aus den sich ergebenden Schwerpunkten werden die Beurteilungskategorien gebildet. Dadurch, dass Erwartungen und Befürchtungen formuliert werden, ist es möglich, Gegensatzpaare zu formulieren.

Beispiel:

In der Gruppe
- ○ überwiegt das Wettbewerbsverhalten,
- ○ überwiegt die Zusammenarbeit.

Dieses Gegensatzpaar kann mit einer *Einstufungsskala* versehen werden:

Nachdem die Beurteilungskategorien von der Gruppe ausgewählt und formuliert sind (Achtung: Wählen Sie nicht zu viele Kategorien!), übernimmt der Kursleiter oder ein Teilnehmer die Endredaktion, inkl. Gestaltung und Vervielfältigung.

Kursleiter und Teilnehmer füllen die Beurteilungsbogen am Ende jeder Sitzung aus. Ein Kursteilnehmer oder ein Teilnehmer zählt die Einstufungen bis zur nächsten Sitzung aus (und berechnet Mittelwerte und Streuungen für jede Kategorie, s. u. S. 112). Diese zahlenmässige Auswertung verfolgt nicht das Ziel, Beweismaterial zu erbringen, sondern die Informationen auf eine rasche und rationelle Art aufzubereiten, damit sie sofort als Mittel zur Selbststeuerung der Kursgruppe (Korrektur) eingesetzt werden können.

Folgend finden Sie einen *Fragebogen*-Vorschlag und das Beispiel eines *Beurteilungsinstrumentes*, das eine Kursgruppe erarbeitete.

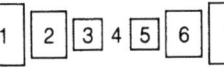

In der Gruppe

| überwiegt Wettbewerbs- verhalten | 1 | 2 | 3 | 4 | 5 | 6 | 7 | überwiegt Zusammen- arbeit |

Fragebogen

Liebe Kursteilnehmer!

Ich stelle mir vor, dass wir unseren Kurs in der Form von Arbeitsgruppen führen. Sie und ich – wir haben die unterschiedlichsten Erfahrungen in und mit Arbeitsgruppen gemacht.

Aus diesem Grunde finde ich es vorteilhaft, wenn wir uns vorerst, jeder für sich, Gedanken über die Arbeitsgruppen machen. Mit Ihren Antworten haben wir einen unmittelbaren Einstieg in unseren Kurs. Aus den Informationen können wir zu Beginn die Ziele unserer Gruppenarbeit entwickeln.

1. Welche Erwartungen haben Sie an die Entwicklung einer Arbeitsgruppe?

2. Welche Befürchtungen haben Sie an die Entwicklung einer Arbeitsgruppe?

Senden Sie mir den ausgefüllten Fragebogen bitte so schnell wie möglich zurück!

Einstufungsbogen zur Selbst- und Fremdbeurteilung

Einzelne oder alle Gruppenmitglieder sind mir

fremd geblieben (geworden) | 1 2 3 4 5 6 7 | näher gekommen

Die Gruppenarbeit wird hauptsächlich durch die

Leiter bestimmt | 1 2 3 4 5 6 7 | übrigen Mitglieder bestimmt

Die Gruppe arbeitet an

persönlichen Beziehungen der Mitglieder | 1 2 3 4 5 6 7 | fachlichen Themen

Das Gruppengeschehen wird vorwiegend/meist durch

einzelne Mitglieder bestimmt | 1 2 3 4 5 6 7 | alle Mitglieder bestimmt

In der Gruppe

überwiegt Wettbewerbs- verhalten | 1 2 3 4 5 6 7 | herrscht Kooperation vor

Spannungen zw. Gruppenmitgliedern oder Leitern werden

nicht bearbeitet | 1 2 3 4 5 6 7 | bearbeitet

Die Gruppe strebt

gleichzeitig verschiedene Ziele an | 1 2 3 4 5 6 7 | ein einheitliches Ziel an

Die Gruppe richtet ihre Wirkung nach

innen, d.h auf ihre Mitglieder | 1 2 3 4 5 6 7 | aussen

Die Gruppe . . . .

erstrebt eine Einheit der | 1 2 3 4 5 6 7 | ist offen für neue

. . . . Meinungen, Ideen und Gefühle

(Rauh/Zbinden 1975)

Die Mittelwerte

entsprechen dem arithmetischen Mittel aller Einstufungen der Teilnehmer:

$$M = \frac{\text{Summe aller Einstufungen}}{\text{Anzahl Teilnehmer}}$$

Die Streuung

gibt uns Auskunft über die Unterschiedlichkeit der Stellungnahme in der Gruppe. Oder anders ausgedrückt: die Streuung zeigt uns, wie der Mittelwert zustandegekommen ist.

Wenn wir beispielsweise einen Mittelwert 5 ausgerechnet haben, gibt es verschiedene Verteilungsmöglichkeiten von Einstufungen:

	Skalenwerte, bei denen Einstufungen erfolgten	Mittelwerte
Gruppe A:	7, 7, 4, 3, 3, 2, 7, 7	5
Gruppe B:	4, 4, 4, 6, 6, 6, 3, 7	5
Gruppe C:	5, 5, 6, 4, 5, 6, 4, 5	5
Gruppe D:	7, 7, 7, 6, 6, 5, 1, 1	5

Die Mittelwerte sind also alle gleich. Wir sehen aber sofort, dass sie unterschiedlich zustandegekommen sind – und dies ist entscheidend für die Auswertung.

Anhand der folgenden Übersicht möchte ich die Streuungs-Bilder der Gruppen A-D verdeutlichen.

Die Frage lautete:

Wie beurteilen Sie die heutige Kursarbeit?

diffus 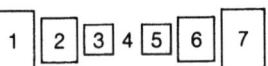 zielstrebig

Strichliste

Gruppe	Skalenwerte						
	1	2	3	4	5	6	7
A		/	//	/			////
B			/	///		///	/
C				//	///	//	
D	//				/	//	///

Die Einstufungen streuen
○ in der Gruppe A   von 2-7.
○ in der Gruppe B   von 3-7.
○ in der Gruppe C   von 4-6.
○ in der Gruppe D   von 1-7.

Der höchste und der niedrigste Wert bestimmen die Stärke der Spannungen oder die Unterschiedlichkeit der Meinungen der Gruppenteilnehmer zu einer bestimmten Frage.

Bei jeder Auswertung/Interpretation müssen wir auf die Verteilung der Einstufungen achten: Sind sie regelmässig über alle Werte verteilt? Oder ist es so wie bei der Gruppe D, wo sich 2 Teilnehmer klar von der Mehrheit distanzieren und beim niedrigsten Wert einstufen?

114

Profile der verschiedenen Gruppen

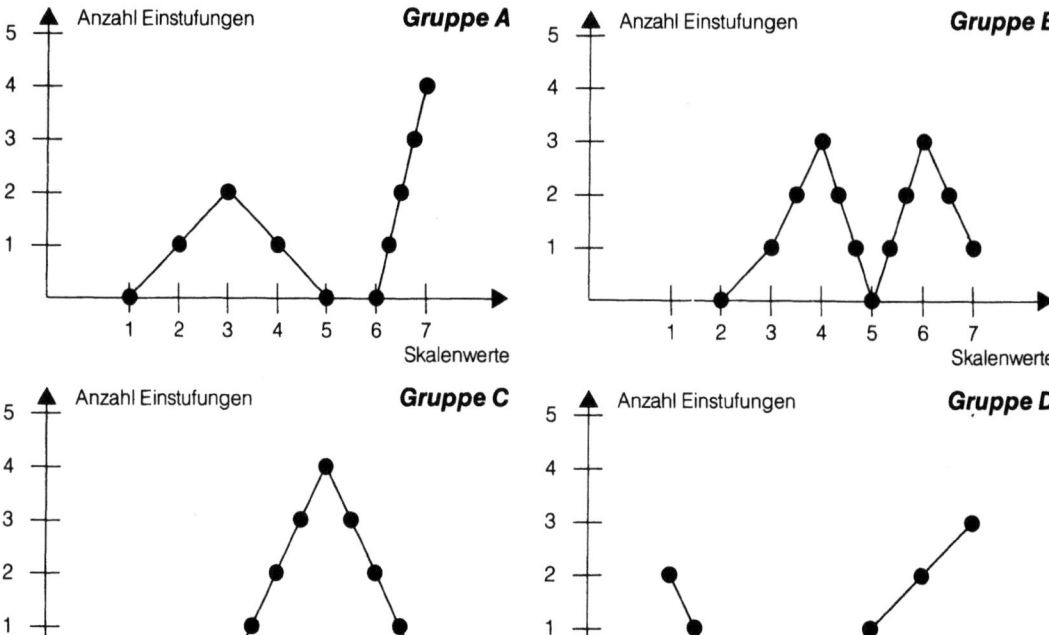

Aus den Profilen ist sofort sichtbar, dass *C die homogenste Gruppe* bezüglich der heutigen Kursarbeit ist. *D* ist *die heterogenste Gruppe. A* und *B* sind höchstwahrscheinlich *Gruppen mit starken Spannungen* zwischen den Untergruppen, die sich u.U. stark konkurrenzieren.

Die Vorteile der Profile
bestehen v.a. im Vergleich zwischen verschiedenen Fragen, Sitzungen und Gruppen, in der Fortsetzung (aufeinanderfolgende Kurssequenzen) und in der prozessorientierten Darstellung.

Diese Darstellungen eignen sich für alle Prozessanalysen, wie z.B. auch *Brocher (1967)*.

Planung

Wenn wir die Grundsätze und Ziele der Erwachsenenbildung ernst nehmen, müssen wir auch die Teilnehmer in die Planung von Veranstaltungen miteinbeziehen. Die Planung ist ein wesentlicher Bestandteil des Lernprozesses.

Folgend werden einige methodische Hilfen vorgestellt, wie die Teilnehmer in die Planung einbezogen werden können.

1. Geschlossener Innenkreis – Podium

● Der Kursleiter setzt die Rahmenbedingungen wie beispielsweise die Gesamtdauer des Kurses, Häufigkeit und Länge der einzelnen Sequenzen, thematisch-inhaltlicher Rahmen.

● Z.B. in 4 Gruppen planen die Teilnehmer innerhalb der gegebenen Rahmenbedingungen (Teilthemen, Ziele, ev. Methoden, Arbeits- und Aktionsformen).

● Die Gruppen kommen nach der vereinbarten Zeit im Plenum zusammen.

Wie auf dem folgenden Schema zu sehen ist, bestimmt jede Gruppe einen Delegierten in den Innenkreis oder das Plenum. Die Delegierten stellen die Gruppenergebnisse vor.

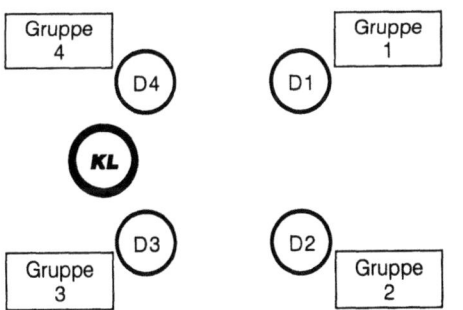

Anschliessend erfolgt das Gespräch *im geschlossenen Innenkreis* (Gesprächsleitung durch Kursleiter): beispielsweise wird das erste Drittel des Kurses gemeinsam geplant. Selbstverständlich bringt der Kurs- bzw. Veranstaltungsleiter seine Vorstellungen und Interessen ebenfalls ein.

Dieses Verfahren kann für den weiteren Kursverlauf sozusagen institutionalisiert werden, wobei die Delegierten selbstverständlich wechseln können.

2. Offener Innenkreis

Für dieses Verfahren gibt es 2 Varianten:

a) Nachdem die Rahmenbedingungen der gemeinsamen Arbeit bekanntgegeben wurden (durch den Leiter), wird im Plenum nach dem folgenden Muster geplant (S= leerer Stuhl):

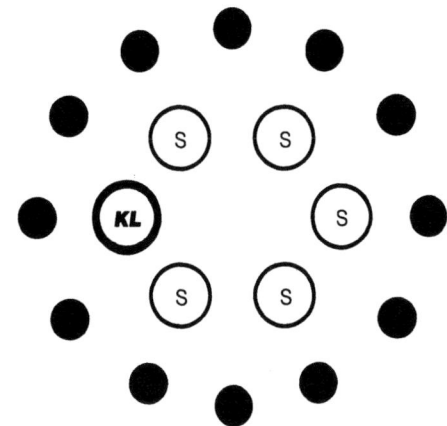

Im offenen Innenkreis befinden sich 5 leere Stühle, die durch Teilnehmer besetzt werden können. Die Gesprächsleitung liegt beim Kurs- bzw. Veranstaltungsleiter.
Der Innenkreis plant. Wenn ein Teilnehmer seine Wünsche, Interessen vertreten/integriert hat, geht er wieder an seinen alten Platz zurück. Die Planung dauert so lange, bis sich alle Teilnehmer mit der Planung einverstanden erklären können.

b) Die Rahmenbedingungen werden bekanntgegeben. Die Teilnehmer teilen sich in 4 Gruppen auf und arbeiten wie in der Variante 1.
Die Teilnehmer kehren nach der vereinbarten Zeit ins Plenum zurück. Dem weiteren Verlauf liegt folgende Struktur zugrunde (S= leerer Stuhl):

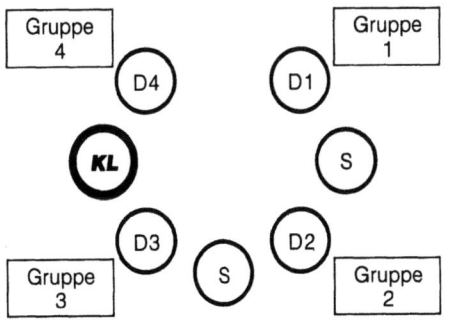

- Jede Gruppe hat einen Delegierten.
- Es gibt zwei leere Stühle, die durch irgendwelche Teilnehmer besetzt werden können.
- In einer ersten Runde stellen die Delegierten den Gruppenvorschlag dar. In der zweiten Runde können alle übrigen Teilnehmer dazu Stellung nehmen – auf den leeren Stühlen.
- Wichtig! Die Planungskompetenz liegt beim Innenkreis.
- Diese Planungsstruktur erfordert vom Leiter grosses Geschick, die entsprechenden Polarisierungen und Spannungen auszuhalten und zu einer Lösung führen zu können.

Für das Planungsverständnis des Leiters
ist entscheidend, dass er den ganzen Planungsprozess als Lernprozess versteht und ihm einen entsprechenden Stellenwert verschafft. Wenn dies nicht gewährleistet ist, verliert der Leiter (oder auch Teilnehmer) oft die Geduld und bricht kraft seiner Autorität den Planungsprozess ab, was sich dann meist deutlich in der Arbeitsmotivation der Teilnehmer niederschlägt.

3. Die Rahmenbedingungen

können den Teilnehmern vor dem Kurs schriftlich mitgeteilt werden. Daran anschliessend werden sie nach ihren Zielen, Erwartungen und Befürchtungen befragt. Der Kurs- oder Seminarleiter wertet die Bogen aus und baut die Ergebnisse in seine Planung ein. Es ist zu empfehlen, in der Kurseinführung sowohl die Ergebnisse der Befragung als auch deren Einfluss auf die Planung den Teilnehmern mitzuteilen (Transparenz).

4. Zu Beginn des Kurses

werden die formalen und inhaltlichen Rahmenbedingungen bekanntgegeben.

In verschiedenen Gruppen werden Unterthemen, Ziele, Arbeits- und Aktionsformen formuliert. Die Gruppen erstellen Plakate, die nach der vereinbarten Zeit im Plenum aufgehängt werden.

Anschliessend wird eine Bewertungsrunde – unabhängig von der Gruppenzugehörigkeit – durchgeführt. Jeder Teilnehmer erhält beispielsweise 3 Klebepunkte, die er beliebig verteilen kann. Darauf wird eine Prioritätenliste erstellt, die für alle verpflichtend ist.
Selbstverständlich steht es dem Leiter frei, dieses Verfahren für das erste Drittel oder für die erste Kurshälfte zu verwenden – was übrigens zu empfehlen ist, da die Teilnehmer in der Zwischenzeit lernen und somit im Verlauf der Lehrveranstaltung auch neue Schwerpunkte setzen werden.

Bartak *(K 82,* 25. September)

5. Planungstechniken

An dieser Stelle folgen noch 2 eigentliche (vereinfachte) Planungstechniken, die auch in der Erwachsenenbildung einen wichtigen Beitrag zur gemeinsamen Planung leisten können.

‹Balkendiagramm› und ‹Netzplan› sind zwei Planungstechniken, die sowohl für Gruppen- als auch für Gesamtprojekte verwendet werden können.

Erfahrungen in Projekten haben gezeigt, dass Teilnehmer von Erwachsenenbildungsveranstaltungen und auch viele Leiter in der Erwachsenenbildung nicht über geeignete Planungstechniken verfügen.

Balkendiagramme und Netzpläne sind – in der vereinfachten Form, leicht zu erlernen und anzuwenden. Die beiden Techniken sollen verhindern helfen, dass die Planungsphasen zu grösseren Durststrecken werden, welche die Motivation für die weitere Arbeit gefährden können.

Eine gute, übersichtliche Planung liefert die Grundlage für optimales Lernen in der Erwachsenenbildung.

Balkendiagramm

Das Balkendiagramm erfordert als einfaches Hilfsmittel ein Zerlegen der Aufgaben in:

○ Bestimmung der erforderlichen Zeitphasen für Themenbearbeitung (Ziele)
○ Tätigkeiten
○ Sozialformen: Wer führt eine bestimmte Tätigkeit aus?

Die grafische Darstellung ist übersichtlicher und einfacher, als alle Vorgänge zu beschreiben, und bietet u.a. auch eine gute Grundlage für Auswertung und ev. Dokumentation (z.B. in Projekten).

Ein Beispiel:

Tätigkeiten	Sozialformen	Zeit
Montag		
1. Einführung sich kennen lernen	Plenum	90'
2. Ideen sammeln	Untergruppen	30'
3. Ideen bewerten	Plenum	30'
4. Informationen sammeln	Partnerarbeit	90'
5. Zusammentragen der Informationen – strukturieren	Plenum	90'
6. Planung der Weiterarbeit	Plenum	30'
Dienstag		
1. Einführung in die Interviewtechnik	Plenum	90'
2. Sammeln von Fragen	Untergruppen	30'
3. Sammeln der Fragen, Auswahl	Plenum	45'

Usw.

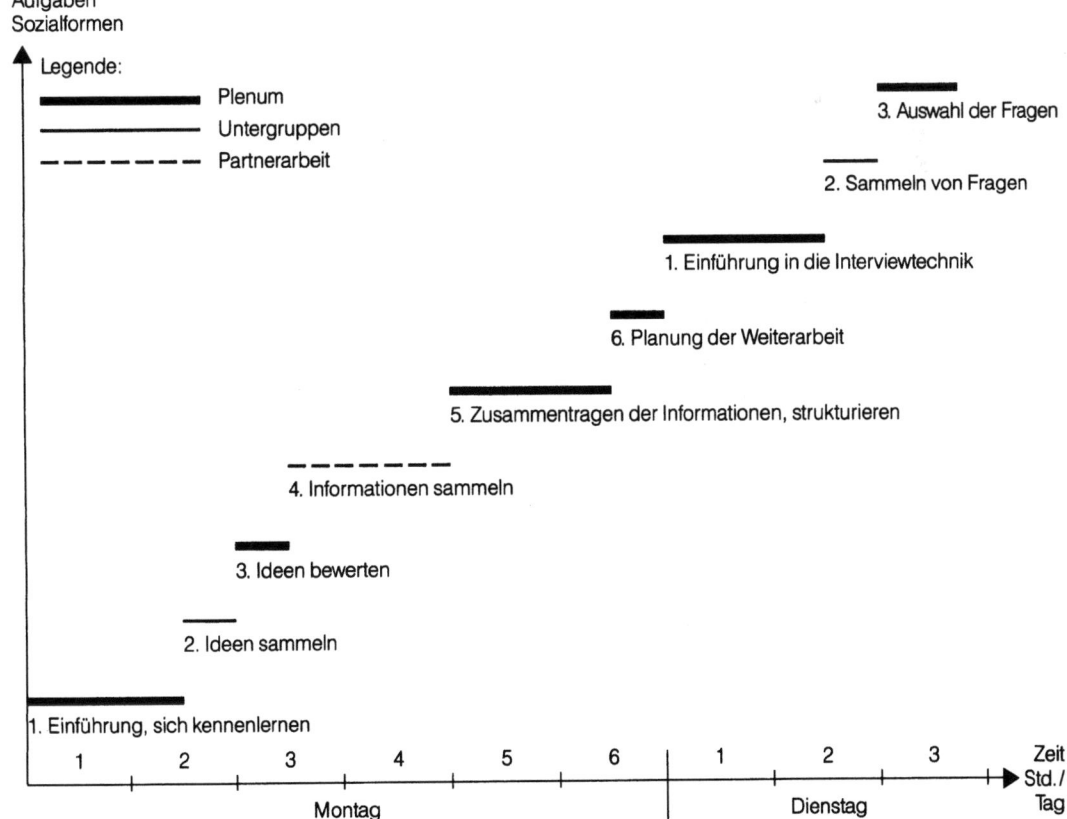

Netzplan

Netzpläne entstehen in 3 Phasen:
○ Strukturanalyse (in thematischer Hinsicht)
○ Tätigkeitsliste, Sozialformen
○ grafische Darstellung mit Zeitangaben

Diese 3 Phasen werden anhand eines Projektbeispiels (Ausschnitt) skizziert:

Spielplätze in unserer Gemeinde – was meinen ihre Benutzer dazu?

a) Strukturanalyse

Die Interessen am Projekt werden in Fragen formuliert.
○ Welche Arten von Spielplätzen gibt es?
   (öffentliche, private, informelle . . .)
○ Wo liegen sie in unsere Gemeinde?
   Wie viele sind es?
○ Wie sehen sie aus?
○ Wie sind sie frequentiert?
   Wie, durch wen werden sie benutzt?
   Was meinen diese Benutzer dazu?
○ Sind neue geplant? Wo?
○ Welche Aussagen können wir machen?
   Aktionen?

b) Tätigkeitsliste erstellen

Welche Spielplätze gibt es in unserer Gemeinde? **A**

Welche Spielplätze gibt es generell?
Die Projektmitarbeiter zählen aus ihren Erfahrungen die verschiedenen Spielplätze auf, in 2 Untergruppen. **B1, B2**

Aufsuchen der Spielplätze, in 2 Untergruppen. **C1, C2**

Wie sehen die Spielplätze aus? **D**

Aus der ersten Besichtigung heraus überlegen sich die Teilnehmer, wie man diese Spielplätze beschreiben könnte. Entwickeln eines Beschreibungsrasters, im Plenum. **E**

Erheben der Spielplätze mit Hilfe des Beschreibungsrasters, in 3 Untergruppen. **F1, F2, F3**

Gegenseitige Information und Austausch, im Plenum. **G1, G2, G3**

Dokumentation der Ergebnisse, im Plenum. **H**

Wer benutzt diese Spielplätze, und was meinen diese Personen dazu? **I**

Einführung in die Interviewmethode mit Übungen, im Plenum. **K**

Zusammenstellen der Interviewfragen, in 2 Untergruppen. **L1, L2**

Gegenseitige Information, in neuen Gruppen (die Hälfte der einen Gruppe mischt sich mit der Hälfte der andern Gruppe – so entstehen 2 neue Gruppen). **M1, M2**

Fragen auswählen und Leitfaden formulieren usw., im Plenum. **N**

Diese beiden Planungstechniken können selbstverständlich mit den Planungsmethoden (1-4) kombiniert werden.

Ein geeignetes Medium für die Planungsarbeit bildet *die Wandzeitung*. Die grafischen Darstellungen helfen oft komplizierte Gespräche vermeiden.

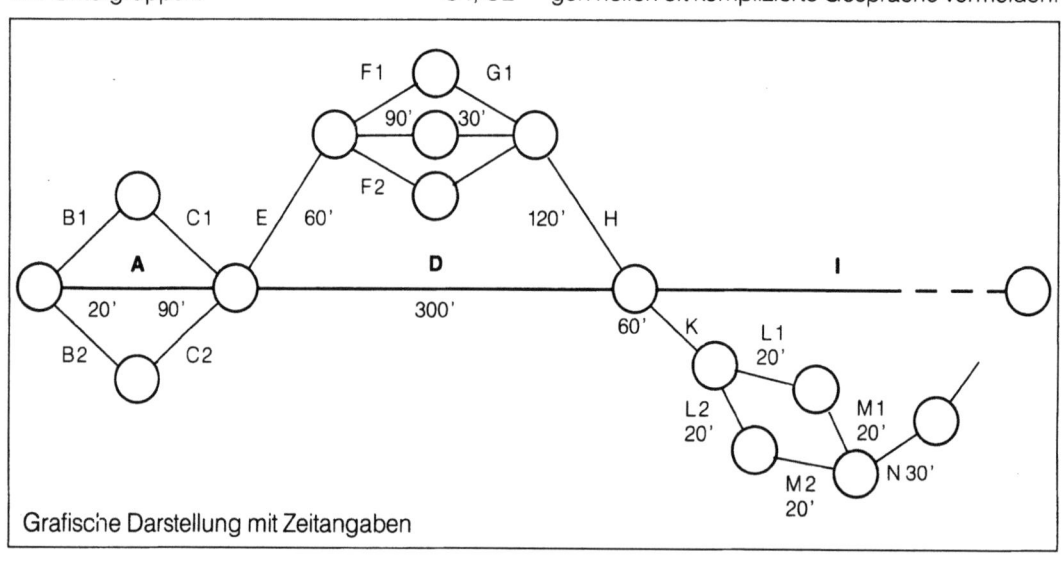

Grafische Darstellung mit Zeitangaben

6. Einbezug der Teilnehmer

Bestimmt taucht spätestens jetzt die Frage auf, wann mit dem Einbezug der Teilnehmer begonnen werden soll. Je nach dem Selbstverständnis des Leiters ergeben sich hier verschiedene Varianten:

Vor dem Kurs:

○ Variante 3, *«Die Rahmenbedingungen»* (s. o. S. 116).

○ Vor dem Kurs kann auch eine Informationsveranstaltung erfolgen, die einen Planungsteil enthält:
Kennenlernen, Information, Planung, gemeinsamer Abschluss (Nachtessen).

○ Der Kursleiter stellt sich und seine Veranstaltung den Teilnehmern in einem Brief vor und bittet sie, ihre besonderen Anliegen und Ideen mitzuteilen – als Anregung für seine Planung.

Im Kurs:

○ Der Leiter eröffnet den Kurs mit der Begrüssung und dem Vorstellen der Rahmenbedingungen. Anschliessend erfolgt eine Planungsphase für einen bestimmten Zeitraum.

○ Der Leiter beginnt den Kurs aufgrund seiner Planung (mit oder ohne Einbezug der Teilnehmer vor dem Kurs) und öffnet ihn anschliessend, um mit den Teilnehmern gemeinsam weiterzuplanen.

○ Der Leiter führt seinen Kurs durch (mit oder ohne Einbezug der Teilnehmer vor dem Kurs) und plant mit den Teilnehmern eine Fortsetzung.

Gruppeninterview

Das Gruppeninterview ist eine Methode der Sozial-
forschung. Es wurde aufgrund der Erfahrungen
mit Einzelinterviews entwickelt.

Meinungen und Einstellungen entwickeln sich
nicht isoliert von Beziehungen, sie sind nicht einfach statisch vorhanden – so quasi angelegt –,
sondern verhalten sich dynamisch, indem sie
andern Personen gegenüber vertreten, durch-
gesetzt, korrigiert, erweitert, verworfen oder bestätigt (verstärkt) werden.

Diese Dynamik möchte das Gruppeninterview
ausnützen.

In verschiedenen Einzelinterviews stelle ich u.a.
die Frage:
Wie beurteilen Sie den Kursaufbau?

Einige Antworten:
«Ich fand den Kursaufbau gut.»
«Im Kursaufbau fand ich die Gruppengespräche
am besten. Das Plenum war unheimlich langwei-
lig. Ich fand es wahnsinnig schade, dass nicht der
ganze Kurs aus Gruppengesprächen bestand.»
«Die Kombination zwischen Gruppengesprächen
und Plenum finde ich schlecht. Wie lange geht es
noch, bis man endlich kapiert, dass der Austausch
nicht fuktioniert. Man sollte kreativere Formen
finden.»
«Die Gruppengespräche waren schon interes-
sant, aber neue Informationen bekam ich keine. In
dieser Hinsicht fand ich die Ansätze im Plenum gut
– diese sollten ausgebaut werden.»

Wir haben so verschiedene Einzelaussagen vor
uns. Wenn wir uns nun ein Gruppeninterview vorstellen, so stehen diese Aussagen einander direkt
gegenüber. Die Gegenüberstellung der Beurteilungen in der Gruppe setzt eine Auseinandersetzung über den Kursaufbau in Gang.

Es gibt verschiedene Einsatzmöglichkeiten des
Gruppeninterviews:

● Ich kann gleich mit dem Gruppeninterview
  beginnen.
● Ich führe als Kursleiter zuerst Einzelinterviews
  durch und teile der Kursgruppe die Ergebnisse
  mit. Es folgt das Gruppeninterview.
● Zuerst füllt jeder Kursteilnehmer schriftlich
  einen Fragebogen aus.
  Ein Kursleiter oder Kursteilnehmer fasst die

Ergebnisse zusammen; sie werden anschliessend oder zu Beginn der folgenden Sitzung in
Form eines Gruppeninterviews diskutiert.

Durch zahlreiche Untersuchungen wurde festgestellt, dass sich Einstellungen in einer Gruppe,
Moral und Reife einer Gruppe positiv verändern
werden, wenn man ihr die Ergebnisse einer Unter-
suchung, die über sie gemacht wurde, mitteilt
(Floyd-Mann-Effekt, s. Mucchielli 1973, 52).

Zur Leitung des Gruppeninterviews

möchte ich im Folgenden einige Grundsätze formulieren, die einzuhalten sind (s. auch Mucchielli
1973).

Rolle des Interviewers

Kontrolle der gruppendynamischen Prozesse.
Gruppe dem Ziel zuführen.

○ Gespräche auf Thema ausrichten.
○ Zusammenhänge zwischen Thema und
  Gruppe aufzeigen.
○ Meinungen, die ausgesprochen oder unaus-
  gesprochen sind, in Worte fassen.
○ Verfügbare Zeit überwachen.

Haltung des Interviewers

Hohe Konzentration / Wachsamkeit.
Nicht-direktive Leitung bez. des Themas.
Direktive Leitung bez. der Form des Gruppeninter-
views.

○ Nicht abschweifen.
○ Klarstellen, was gesagt wurde.
○ Im richtigen Augenblick zusammenfassen.
○ Einhalten des Zeitpunkts.

Eingreifen in das Gruppengespräch

Einfache Wiedergabe in Worten.
Zusammenfassung oder Darstellung des Wesent-
lichen.
Neuformulierungen.
Fragen (persönlich gerichtete, Testfragen, weiter-
leitende, Wiederaufnahme von Fragen, offene und
geschlossene Fragen).
Aufforderung zur Ergänzung.
Interpretationen (sparsam und ja nicht zu früh).

Im Gruppeninterview, das zur Auswertung von
Kursen verwendet wird, sind Selbst- und Fremd-

beurteilungen enthalten. Die einzelnen Teilnehmer beurteilen die vergangene Kurssequenz erst aus ihrer Sicht und erfahren anschliessend im gegenseitigen Austausch die Sichtweise der anderen.

Die möglichen Auswirkungen des Gruppeninterviews auf die persönlichen Meinungen und Einstellungen zeigen sich in
○ Bemühungen, Erlebtes zu formulieren;
○ Bemühungen, sich spontan zu äussern;
○ Bemühungen, seine Meinungen mit andern zu konfrontieren.

Mögliche Auswirkungen des Gruppeninterviews auf die Gruppe sind
○ Verminderung von Spannungen und schaffen eines besseren Lernklimas,
○ grössere Beteiligung,
○ gegenseitige Erkenntnisse,
○ Wissen um gemeinsame Ziele,
○ Erleben, Erkennen von Gruppenprozessen,
○ Kennenlernen der anderen Gruppenmitglieder.

Erfahrungen haben gezeigt, dass Gruppeninterviews praktisch immer in drei Phasen ablaufen:

1. Phase: Auftauen
Die Teilnehmer erlangen in dieser Phase innere Sicherheit und Sicherheit gegenüber dem Interviewer.

2. Phase: Konfrontation
Teilnehmer erleben persönliche Spannungszustände.

3. Phase: Entspannung
Mögliche Veränderungen werden diskutiert, Verbesserung des Kursaufbaus, des Kursablaufs und ev. Veränderung der Thematik.
(Quelle: *Mucchielli 1973*)

Vorschlag für ein Gruppeninterview (Beispiel)

Ein Drittel eines Kurses ist vorbei. Der Kursleiter möchte eine Bewertung diese Kursteils durchführen.
Er teilt diesen Wunsch den Kursteilnehmern mit.
Die Ziele der Beurteilung sind:
○ Standortbestimmung;
○ Selbst- und Fremdbeurteilung des Verhaltens der Teilnehmer und Kursleiter;
○ Beurteilung des Kursverlaufs;
○ Verbesserungen, Veränderungen für das folgende Drittel des Kurses.

Der Kursleiter verteilt den *Gesprächsleitfaden* als Vorschlag für das Gruppeninterview, das er durch-

zuführen gedenkt. Die Kursteilnehmer haben dadurch die Möglichkeit, noch Veränderungen anzubringen. Diese Konfrontation ist sehr wichtig: *Akzeptieren die Teilnehmer die Fragen oder nicht?*

Der Gesprächsleitfaden stellt eine Hilfe für das nachfolgende Gespräch dar. Der Kursleiter stellt sich vor, dass das Gruppeninterview ca. eine halbe Stunde dauern sollte.

Nach einer kurzen Vorbereitungszeit kann das Gespräch beginnen.

Gesprächsleitfaden für das Gruppeninterview

1. Wie beurteilen Sie *die Aktualität* der Thematik, der besprochenen Inhalte?
2. Beurteilen Sie den *Kursaufbau!*
3. Wie steht es um *Ihre Zufriedenheit?*
4. Welches waren bis jetzt *Ihre wichtigsten Lernerfahrungen* in diesem Kurs:
   – im persönlichen Bereich,
   – auf der Gruppen-Ebene,
   – in thematischer Hinsicht?
5. Was könnte im nächsten Drittel unseres Kurses *verbessert* werden?

Weitere Verwendungsmöglichkeiten

● Das Thema ist gegeben. In verschiedenen Untergruppen wurden Fragestellungen zu diesem Thema formuliert. In der Folge werden neue Gruppen gebildet mit je einem Interviewer, der mit der Gruppe ein Interview aufgrund der gesammelten Fragen durchführt.

● Je zwei Kursteilnehmer führen ein Gruppeninterview mit Aussenstehenden durch, nachdem der Leitfaden gemeinsam erarbeitet wurde (zur Informationsbeschaffung).

● Die eine Halbgruppe erarbeitet ein Gruppeninterview für die andere und umgekehrt (Erfahrungen aktualisieren und Informationen beschaffen).

Rotierendes Tagebuch

Diese Methode eignet sich ausgezeichnet für Konfliktlösungen. Konfliktpartner/-parteien sitzen in der Gruppe gemischt um den Tisch.

Die Besprechung wird immer nach einer Viertelstunde unterbrochen. In diesen ‹Denkpausen› erhält jeder Teilnehmer ein Tagebuchblatt und schreibt in wenigen Worten auf, was er selbst *während der letzten Gesprächsrunde* gedacht, gefühlt und gewollt hat, in die linke Spalte.

Rotierendes Tagebuch

In der gerade beendeten Gesprächsrunde habe ich gefühlt, gewollt, gehofft, dass . . .	*Für die kommende Gesprächsrunde hoffe ich, nehme ich mir vor, dass . . .*
. . .	*. . .*
	. . .

In die rechte Spalte schreibt jedes Gruppenmitglied, was es sich *für die nächste Gesprächsrunde* erhofft, erwartet und sich vornimmt. Danach schiebt jeder sein Blatt seinem linken Tischnachbarn zu. Somit kann nun jeder lesen, was der Nachbar zur rechten Seite notiert hat. Jeder behält das soeben erhaltene Blatt bis zur nächsten ‹Denkpause› (nach weiteren 15 Min.). Dann notiert jeder auf dem vor ihm liegenden Blatt seine Gedanken zur vergangenen und zur kommenden Gesprächsrunde. Anschliessend rutschen die Blätter erneut einen Platz weiter: jeder reicht das soeben beschriebene Blatt seinem Nachbarn zur Linken.

Erst nach der Beendigung der Gesprächsrunde liest jeder laut vor, was in dem vor ihm liegenden Tagebuch steht. Anschliessend erfolgt ein Gespräch in der Gesamtgruppe. Nach *F. Glasl* (1980, 357f.) kann die Gruppe *ein qualitatives «Klima-Bild»* für jede Phase aufzubauen versuchen. Dies kann analytisch-psychologisch erfolgen – oder auch analog-assoziativ:

«Es war nach meinem Empfinden nebelig; ich fühlte mich wie in einer Verkehrsstauung; mein Eindruck war, dass wir wie Hänsel und Gretel durch den Wald irrten . . . Diese Bilder können Anlass zur Vertiefung in eine der Konfliktepisoden sein, die unter Umständen ähnliche Stimmungen bewirkt haben.» *(Ebd., 358).*

Polaritätsprofile

Polaritätsprofile sind auch bekannt unter den Namen ‹Eindrucksskala› und ‹semantisches Differential›.

Beispiel

Auswertung eines Kurstages innerhalb eines länger dauernden Lehrerfortbildungskurses.

			Skala										
	Summe	Mittel-wert	10	9	8	7	6	5	4	3	2	1	
heiter	170	7.5	1	3	10	4	2	1	2	·	·	·	düster
rund	142	6.0	·	5	2	4	4	2	3	2	·	1	eckig
voll	200	8.5	6	8	4	2	3	·	1	·	·	·	leer
gross	159	7.0	1	4	4	4	3	7	·	·	·	·	klein
warm	182	8.5	7	6	6	·	·	1	·	1	·	·	kalt
oben	123	5.5	·	2	2	3	5	6	1	·	1	2	unten
gesund	168	7.5	9	2	2	·	2	4	2	·	2	·	krank
fest	125	6.0	1	·	5	3	3	3	3	3	·	·	flüssig
frisch	160	7.5	5	3	4	3	2	1	2	1	1	·	abgestanden
nah	140	6.5	2	2	7	3	1	3	·	·	1	2	fern
hässlich	74	3.5	·	·	1	·	1	5	3	4	4	3	schön
blass	77	3.5	·	·	1	1	2	3	1	6	6	1	kräftig

heiter	· · · · · · · · · ·	düster
rund	· · · · · · · · · ·	eckig
voll	· · · · · · · · · ·	leer
gross	· · · · · · · · · ·	klein
warm	· · · · · · · · · ·	kalt
oben	· · · · · · · · · ·	unten
gesund	· · · · · · · · · ·	krank
fest	· · · · · · · · · ·	flüssig
frisch	· · · · · · · · · ·	abgestanden
nah	· · · · · · · · · ·	fern
hässlich	· · · · · · · · · ·	schön
blass	· · · · · · · · · ·	kräftig
jung	· · · · · · · · · ·	alt
klar	· · · · · · · · · ·	verschwommen
hoch	· · · · · · · · · ·	tief
leicht	· · · · · · · · · ·	schwer
entspannt	· · · · · · · · · ·	gespannt
hell	· · · · · · · · · ·	dunkel
aktiv	· · · · · · · · · ·	passiv
leise	· · · · · · · · · ·	laut
traurig	· · · · · · · · · ·	froh
fortschreiten	· · · · · · · · · ·	rückschreiten
phantasievoll	· · · · · · · · · ·	einfallslos
stur	· · · · · · · · · ·	beweglich
ängstlich	· · · · · · · · · ·	sicher
langsam	· · · · · · · · · ·	schnell

Die Kursteilnehmer hatten die Aufgabe, innerhalb der vorgegebenen Polaritäten den heutigen Kurstag zu beurteilen. Sie wurden aufgefordert, möglichst spontan/assoziativ (nicht rational abwägend) einzustufen.

Anschliessend folgt ein Ausschnitt aus dem *Auswertungsblatt*. Der erste Wert ist immer der *Gesamtwert* (Anzahl Einstufungen multipliziert mit dem Skalenwert, der zweite Wert ist *das arithmetische Mittel*).

Es wurde absichtlich eine Skala mit einer geraden Anzahl Stufen gewählt. Der Skalenmittelwert übt immer eine immense Faszination aus, vor allem bei ungewohnten Verfahren, und so entsteht eine schwer interpretierbare Tendenz zur Mitte. Hier

gibt es nie einen neutralen Standpunkt in einer Polarität. Die Erfahrung hat gezeigt, dass ein neutraler Standpunkt (Einstufung beim Mittelwert) meistens einem Ausweichen der Entscheidung gleichkommt.

Präsentation: Polaritätsprofil

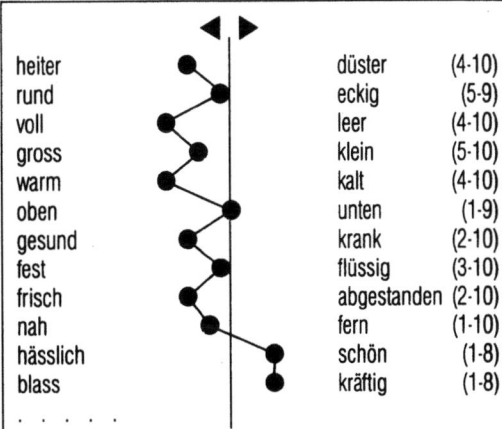

heiter	düster	(4·10)
rund	eckig	(5·9)
voll	leer	(4·10)
gross	klein	(5·10)
warm	kalt	(4·10)
oben	unten	(1·9)
gesund	krank	(2·10)
fest	flüssig	(3·10)
frisch	abgestanden	(2·10)
nah	fern	(1·10)
hässlich	schön	(1·8)
blass	kräftig	(1·8)

Die beiden Zahlen in den Klammern beziehen sich auf die Streuung (vom untersten bis zum höchsten gewählten Einstufungswert).

In der Besprechung wurde folgendermassen vorgegangen:
1. Besprechungen der extremen Werte
2. Interpretieren der Streuungen
3. Weitere Auffälligkeiten thematisieren
Das Auswertungsgespräch diente als Einstieg in den folgenden Kurstag.

Das Besondere am Polaritätsprofil besteht darin, dass affektive Dimensionen viel stärker berücksichtigt werden als in sonst üblichen Auswertungen. In dieser Hinsicht ist es wichtig darauf hinzuweisen, dass so verwendete Polaritätsprofile Interventionscharakter auf der Prozessebene bekommen. Die vorgegebenen Polaritäten werden in der Kursgruppe verstärkt und werden wirksamer. Ich machte oft die Erfahrung, dass die Atmosphäre im Kurs offener und dadurch die Beziehungen kooperativer wurden.

Menschliche Wahrnehmung geschieht immer innerhalb von Polaritäten (hell-dunkel, gross-klein, schwer-leicht, fest-flüssig, intelligent-dumm usw.). In diesem Zusammenhang wird deutlich, dass die Polaritätsprofile viel breiter – als nur für Auswertungszwecke – eingesetzt werden können. Gegenstände, Begriffe, Inhalte, Personen u.a.m. sind affektiv geladen und optimieren damit zusammenhängendes Lernen. So können Polaritätsprofile auch als Themeneinstieg, Themenausweitung (Vernetzung), Themenabschluss, für Projektentwicklungen, Problemlösungen usw. verwendet werden.

Als Einstieg in einen schulinternen Lehrerfortbildungskurs zum Thema «Der schwierige Schüler» verwendete ich ein Polaritätsprofil, um die affektive Bedeutung (Konnotationen) des Begriffs ‹Schule› bewusster werden zu lassen.

Als Beispiel möchte ich die Polarität «gesund-krank» anführen. Selbstverständlich geht es hier nicht um den Gesundheitszustand der Schule, sondern um die Einordnung des Begriffs in einen semantischen Raum, der letztlich aus unendlich vielen solcher Polaritäten gebildet wird. Ich beabsichtigte mit meinem Einstieg *nicht,* diesen semantischen Raum möglichst vollständig zu erfassen. Vielmehr ging es mir um das Schaffen/Herausarbeiten des emotionalen ‹Bodens›, auf dem sich die «schwierigen Schüler» bewegen – und auf dem auch die pädagogischen Probleme gelöst werden müssen. Dieser Einstieg löste bei den Lehrern grosse Betroffenheit aus, was für die nachfolgenden Problembearbeitung eine ideale Voraussetzung bildete.

Abschliessend kann gesagt werden, dass wir mit den Polaritätsprofilen, die immer wieder neu erarbeitet werden, *eine Methode* haben, die es uns ermöglicht, irgend einen Gegenstand, Begriff, Inhalt, eine Sache, eine Person usw. im semantischen Raum zu lokalisieren.

Hierzu noch eine Empfehlung

Analog zur Erfassung von Systemen, wo wir nie alle Elemente, alle dynamischen Beziehungen erfassen können, ist es wichtig, mit den *bekannten* Elementen und Beziehungen zu arbeiten zu beginnen und nicht zuzuwarten, bis sich die Vollständigkeit einstellt – dann ist es zu spät; und zudem wird die Wirklichkeit (bzw. werden die verfügbaren Informationen darüber) immer komplexer, und parallel dazu wird der Mensch immer handlungsunfähiger/ohnmächtiger. Dies können wir alles sinngemäss auf den semantischen Raum übertragen. Beginnen Sie nicht erst damit zu arbeiten, wenn Sie meinen, den ganzen Raum durch Polaritäten erfasst zu haben. Das werden Sie nie schaffen!

Weniger ist mehr – wenn Sie beginnen, damit zu arbeiten.

Entscheidungsübung: Merkmale des guten Kursleiters

Anweisung

«Eure Aufgabe besteht darin, eine Rangordnung innerhalb der folgenden elf Aussagen vorzunehmen. Kriterium: Was zeichnet eurer Ansicht nach einen tüchtigen Kursleiter aus?

Die Aufgabe lässt sich am leichtesten dadurch lösen, dass sich jeder zuerst allein entschliesst, welcher Punkt ihm am wichtigsten (= Rang 1) ist, welcher am unwichtigsten (= Rang 11); darauf belegt jeder die Plätze 2 und 10 usw.

Anschliessend nehmt ihr dieselbe Rangierung in der Gruppe vor.»

E   G   (E= Einzelbewertung, G= Gruppenbewertung)

.... *In seinem Unterricht sind die Kursteilnehmer diszipliniert und ruhig.*

.... *Der Kursleiter setzt Methoden ein, um sich darüber zu orientieren, was die Kursteilnehmer von seinem Unterricht, von ihrer eigenen Arbeit und von sich selbst halten.*

.... *Der Kursleiter stellt sehr hohe Anforderungen an die Kursteilnehmer und lässt kein nachlässiges und unordentliches Arbeiten durchgehen.*

.... *Der Kursleiter gesteht seine eigenen Fehler auf eine selbstverständliche Art und Weise ein.*

.... *Der Kursleiter erlaubt den Kursteilnehmern (individuell und als Gruppe), viele Entscheidungen bezüglich ihrer eigenen Aktivitäten und der Einteilung ihrer Zeit selbst zu treffen.*

.... *Der Kursleiter hält lange und glänzende Referate.*

.... *Ein Schulleiter berichtet, dass seine Unterredungen mit ihm wertvoll und informativ seien.*

.... *Der Kursleiter hält sich in Fächern, in denen er unterrichtet auf dem laufenden und bildet sich fort.*

.... *Der Kursleiter legt grosses Gewicht darauf, dass die Kursteilnehmer effektiv zusammenarbeiten.*

.... *Für den Kursleiter ist die Meinung der Kursteilnehmer äusserst wichtig; er baut sie auch in seine Einführungen ein.*

.... *Der Kursleiter liefert seinen Stoff – die Verarbeitung überlässt er den Kursteilnehmern.*

Diese Übung kann als *Feedback-Methode* (Kursleiter-Rückmeldung) oder aber als *Entscheidungsübung* verwendet werden. Die folgenden Ausführungen beziehen sich auf den zweiten Verwendungszweck.

Anhand der Durchführung dieser Übung kann aufgezeigt werden, wie sich eine Gruppe entscheidet . . . welche Verfahren sie in welchen Situationen einsetzt.

Da die Übung – je nach dem Heterogenitätsgrad der Gruppe – recht viel Zeit erfordert, empfiehlt es sich, sie zu unterbrechen (nach etwa 45 Min.) und eine erste Auswertung anzuschliessen. Gegenstand dieser Auswertung sind:

○ Analysieren der Entscheidungsfindung
○ Gewählte Methoden und Verfahren aufzeigen, ihre Vor- und Nachteile zu diskutieren
○ Entwickeln von Alternativen

Anschliessend kann die Gruppe im 2. Teil gleich die ausgewählten Alternativen ausprobieren.

Entscheidungsverfahren

1. Einer-Entscheid
Das stärkste/einflussreichste und/oder kompetenteste Mitglied setzt sich durch oder wird aufgefordert, die Entscheidung zu treffen.

2. Mehrheitsentscheid
mittels absolutem oder relativem Mehr

3. Kompromiss
ist eine Mittelwerts-Entscheidung. Jede Partei gibt ein bisschen nach. Dadurch sind Kompromiss-Entscheide oft schlechter als die Vorschläge der einzelnen Parteien.

4. Einstimmigkeit
Diese Form kann sich mit dem Konsens decken – muss aber nicht. In langen Entscheidungsprozessen wird der Druck auf Mitglieder mit abweichenden Meinungen immer grösser. In diesen Situationen kann sich Einstimmigkeit einstellen, weil die Abweichenden dem Druck nicht mehr standhalten können. Unter solchen Bedingungen entsteht wiederum ein Mehrheitsentscheid.

5. Das gemeinsame Dritte – der Konsens
Aus den vorgeschlagenen Meinungen entsteht durch Argumentation/Diskurs allmählich oder auch überraschenderweise ganz plötzlich *eine gemeinsame* Meinung oder Lösung.

Wenn sich nun diese Entwicklung auf einen gemeinsamen Fokus nicht einstellt, bieten sich zwei verschiedene Wege an, um zum gemeinsamen Dritten zu gelangen:

● Im *induktiven* Vorgehen werden alle wichtigen Elemente aus den verschiedenen Lösungsvorschlägen zu den konstitutiven Elementen des gemeinsamen dritten Vorschlags.

● Im *ganzheitlichen* Vorgehen wird eine übergreifende Variante gesucht, in der alle wichtigen Elemente aus den vorgeschlagenen Varianten enthalten sind.

Beide Wege sind aber nur begehbar, wenn die vorgeschlagenen Varianten der verschiedenen Meinungsgruppen deutlich sichtbar sind – Profil haben. Ansonsten werden Polarisierungstendenzen verstärkt, was wiederum die Entscheidungsfindung erschwert.

Eine weitere Bedingung für die beiden vorgeschlagenen Wege besteht darin, dass wirklich eine gemeinsame Lösung angestrebt werden will.

Schilling *(Klant 1983,* 137)

Team Teaching:
Gesetzmässigkeiten, Möglichkeiten

Das Team Teaching (TT) ist nicht nur auf die Zusammenarbeit der Lehrer gerichtet, sondern vor allem auch auf die Organisation eines Lernsystems, das die Kursteilnehmer einbezieht.

Die wichtigsten Merkmale des TT:
O Kooperation einer Lehrergruppe (mind. 2)
O Flexibilität in der Organisation von Unterricht, d.h.:
– im Lernangebot und in der Lernorganisation;
– Unterricht kann stattfinden in der Grossgruppe (z.B. 2 Klassen), Klasse, Halbklasse, Kleingruppe oder als Partner-/Einzelarbeit (Selbststudium).

Durch diese flexible Unterrichtsorganisation erhalten Kursleiter die Möglichkeit, alle Kursteilnehmer unter Berücksichtigung ihrer Begabung, Leistung und Interessen optimal zu fördern.

Vorbereitung
Einen wichtigen Teil der Vorbereitung bildet ein gemeinsames Gespräch über die Gesetzmässigkeiten und die Möglichkeiten des TT – die Absprache über die Ausgestaltung der gewählten Varianten.

Aber ebenso wichtig wie die Vorbereitung ist die Nachbereitung (Auswertung), das gegenseitige Feedback und die Beantwortung der zentralen Frage:
Wie charakterisierst Du das Verhalten Deines Team-Partners auf dem Hintergrund seiner Möglichkeiten?

Gesetzmässigkeiten

1) Je geringer die Rollendifferenzierung in einem Team ist, desto stärker sind die Aggressionen ihrer Mitglieder.

2) Die individuelle Konfliktspannung beeinflusst/bestimmt die Kooperation zwischen den TT-Partnern.

3) Je stärker die Dominanz eines TT-Partners ist, desto geringer die Bereitschaft des andern Partners zur Kooperation.

4) Der Status der TT-Lehrer in der Klasse/Gruppe beeinflusst die Zusammenarbeit.

5) Beziehungen werden nicht durch fachliche Kompetenz, sondern durch Grad und Weite des Einfühlungsvermögens bestimmt, mit dem sich die TT-Lehrer begegnen.

6) Wie kam die Team-Wahl zustande? Das Selbst- und Fremdbild ist entscheidend für die Zusammenarbeit. Je kongruenter das Selbst- und Fremdbild ist, desto besser die Zusammenarbeit.

7) Die Befindlichkeit der TT-Lehrer fliesst in die Zusammenarbeit ein – entsprechend ihrer Übereinstimmung oder Abweichung.

8) Die Kooperation unter den Leitern führt zur Bevorzugung kooperativer Unterrichtsformen. Dadurch lernen auch die Schüler die Vorteile einer sinnvollen Zusammenarbeit kennen.

9) Da die Qualität der Beurteilung von Kursteilnehmern bzw. ihrer Interessen, ihrer Leistung im TT zunimmt, kann auch differenzierter auf die Teilnehmer eingegangen werden, was wiederum ihre Motivation fördert (Möglichkeit von Zusatzlernzielen).

10) Die Erfahrung der Kursleiter/Lehrer im TT bestimmt die Art und Weise der Weiterarbeit: Erstarrung oder Entwicklung.

11) Das TT wird nicht wirksamer sein, wenn die Lehrmethoden die gleichen bleiben wie im konventionellen Unterricht (Trump, in: Santini 1972). Das TT ist keine Variante des Frontalunterrichts mit mehreren Leitern/Lehrern.

12) Kenntnisse haften umso besser, je mehr sie in Zusammenhängen gesehen werden. Die Vielfältigkeit und Farbigkeit solcher Zusammenhänge nimmt im TT zu – sofern die Zusammenarbeit funktioniert. Ansonsten wird es für die Teilnehmer/Schüler eher schwieriger werden.

13) Die Arbeit im Leiter-/Lehrerteam ist ‹erste Hilfe› für die Selbstwahrnehmung, Selbstbeurteilung der Schüler/Kursteilnehmer.

Möglichkeiten

1. Rollenmodell oder ‹Komplementäres Team Teaching›

In der Erwachsenenbildung wird oft Wert darauf gelegt, dass unterschiedliche Kompetenzen, Eigenschaften ins TT einfliessen:

O Berufszugehörigkeit bzw. Fachrichtung
In einem Kurs über Persönlichkeitsentwicklung unterrichtet eine Sozialarbeiterin aus ihrer Berufsperspektive – ebenso der Psychologe, der Pfarrer

usw. Das Leitbild der Zusammenarbeit wird der beruflichen Wirklichkeit entlehnt – soweit dies möglich ist.

○ *Geschlechtsrolle*
Heute wird viel von einer weiblichen und einer männlichen Seite oder Betrachtungsweise gesprochen.
Es ist nicht unwesentlich, ob zwei Frauen, zwei Männer oder eine Frau und ein Mann zusammen unterrichten. Diese Variante betont diese Rollenunterschiede, soweit sie auch inhaltlich relevant sind.

○ *Alt–jung*
Generationsunterschiede können wertvolle Impulse für das TT abgeben.

○ *Status*
Die Statusunterschiede bzw. -differenzierungen sind Realität. Werden sie innerhalb eines TT-Teams nicht wahrgenommen . . . die Kursteilnehmer/Schüler nehmen sie vor und wahr. Da Statusphänomene immer noch wichtige gesellschaftliche Phänomene sind, sollten sie auch im TT in der Erwachsenenbildung berücksichtigt werden.

○ *Kontradiktorisches Team Teaching*
Diese Variante entspricht eigentlich einem Rollenspiel. A vertritt beispielsweise die Lehrmeinung, die Wissenschaft (oder eine bestimmte Richtung). B vertritt die Antithese oder bringt der Auffassung von A Widerstände entgegen (vielleicht auch antizipierte Widerstände der Teilnehmer, der Öffentlichkeit usw.).
Im Verlauf eines Kurses ist es unbedingt notwendig, die Rollen zu wechseln: im Interesse einer Integration. Ansonsten besteht die Gefahr, Etikettierungen Vorschub zu leisten.

2. *Funktionenmodell*

In jedem Unterricht existiert ein ‹offizieller› und ein ‹heimlicher› Lehrplan (und ebenso entsprechende Lernziele), wobei der erstere mit dem Stoff/Inhalt identisch ist. Der heimliche Lehrplan wirkt eher *auf der Beziehungsebene, im ‹Atmosphärischen›, im informellen Bereich*.
Der Leiter A ist für die inhaltliche Ebene zuständig, und Kursleiter B beobachtet und interveniert auf der klassen- bzw. gruppendynamischen Ebene.

3. *Stofforientiertes Team Teaching*

A und B, die beiden TT-Partner, verteilen den abgesprochenen Stoff. Es wird eine Art Drehbuch erstellt. Während A seinen Anteil präsentiert, ergänzt B assoziativ, stellt Fragen und arbeitet mit den Teilnehmern an ihren Fragestellungen.

Variante
Die Lehrer wechseln sich in ihren Vorträgen ab. Anschliessend werden Unterrichtsgespräche in Halbgruppen/-klassen durchgeführt. Unklarheiten, Fragen werden festgehalten und im anschliessenden Plenum dem Referenten unterbreitet.

4. *Hinführung zum Thema*

Die Einführung in ein neues Gebiet, in eine neue Frage- bzw. Problemstellung ist entscheidend für den Motivationsaufbau. Teilnehmer bauen in dieser Einstiegsphase eine persönliche Beziehung zum Unterrichtsgegenstand auf – oder eben nicht: die Inhalte bleiben ‹Unterrichtsfutter›.

Die beiden (oder mehrere) Leiter/Lehrer beginnen ein Gespräch: «Unsere persönlichen Bezüge zu dieser Thematik»: Was sind meine, deine Erfahrungen? Wo sind unsere gemeinsamen Interessen? . . .

Nach einer gewissen Zeit werden die Kursteilnehmer einbezogen – nach und nach: ihre persönlichen Erfahrungen, ihre Bezüge zu diesem Thema.

5. *Planungs-/Diskussions-Team-Teaching ‹Aquarium›*

Die Voraussetzung für diese Variante ist eine bestimmte Sitzordnung. Es gibt den *Aussenkreis:* hier sitzen die Teilnehmer/Schüler. Darin gibt es den *Innenkreis:* hier sitzen die Leiter/Lehrer. Daneben gibt es 4-5 freie Stühle.

Die TT-Partner beginnen im Innenkreis mit der Aufgabenstellung (Planung, Diskussion, Konfliktbeschreibung . . .) und erklären die Regeln:
○ Die freien Stühle werden vorübergehend durch jene Teilnehmer/Schüler im Aussenkreis besetzt, die einen bestimmten Beitrag, bestimmte Argumente ins Gespräch bringen möchten; anschliessend kehren sie auf ihren Platz zurück.

○ Die Gesprächsleitung (-entwicklung) liegt bei einem Leiter.

○ Es ist aber auch denkbar, dass nur ein Kursleiter im Innenkreis sitzt, sein TT-Partner sitzt im Aussenkreis als Beobachter; er kann seine Beobachtungen oder thematischen Beiträge ebenfalls via einen freien Stuhl einbringen.

Variante
● Die beiden TT-Partner eröffnen das Gespräch im Innenkreis und beschreiben die Fragestellung für die Arbeit in Kleingruppen.

● Die Kursteilnehmer arbeiten während einer bestimmte Zeit selbständig in Kleingruppen.

● Die Ergebnisse werden im Innenkreis von Delegierten und TT-Partnern diskutiert. Auf zusätzlichen freien Stühlen (höchstens 2) können Teilnehmer unabhängig von der Meinung ihrer Delegierten mitdiskutieren.

6. Beratungs-Team-Teaching

Da das TT neue Differenzierungsmöglichkeiten schafft, gilt es, diese auch auszunützen. Verschiedene Sozialformen ermöglichen den Teilnehmern ein ‹Verhaltenstraining› verschiedener Interaktionsformen.

● *Gruppierungsmöglichkeiten*
○ Teillernziele (themengleiche, themenverschiedene Gruppenarbeit)

○ Zwischentests (Verständnis, Lücken, Zusatzziele)
Hier können Teilnehmer auch Leitungsfunktionen übernehmen.
Kleingruppen / Paare / Einzelarbeit
○ Aktivierung (Arbeit in Kleingruppen zur Aktivierung der Teilnehmer)
○ Zwischenauswertung des Kurses

● *Beratung durch die TT-Leiter/Lehrer*
○ Zuständigkeit (Rollendefinition)
○ Jeder berät jede Gruppe (keine spezifischen Absprachen).
○ Die Leiter warten, bis sie aufgefordert werden (dies funktioniert aber nur, wenn die Teilnehmer diese Beratungsform kennen).
○ Flexible Absprachen in der Situation: wer welche Beratung nötig hat (nicht dem Zufall überlassen).

Fragebogen zum Lernklima

Die vier Bereiche des Lernklimas

Führung

1. Die Diskussion ist sprunghaft.
2. Die Atmosphäre ist freundlich und harmonisch – wenig sachbezogen.
3. Der Gruppen-/Kursleiter dominiert die Arbeit.
4. Verschiedene Teilnehmer wechseln sich in der Leitung ab und versuchen, Thema und Richtung der Diskussion zu bestimmen.
5. Die Gruppe hat die Arbeit untereinander verteilt. Jedes Mitglied leistet seinen Beitrag.

Entscheidungen

1. Vorschläge werden nicht aufgegriffen oder einfach überhört.
2. Man beschäftigt sich nur mit einem Vorschlag, wenn er von andern Gruppenmitgliedern unterstützt wird.
3. Man einigt sich auf Kompromisse.
4. Ein oder mehrere Teilnehmer versuchen, Entscheidungen gewaltsam durchzusetzen.
5. Entscheidungen werden unter Beteiligung aller so formuliert, dass jeder zustimmen kann.

Atmosphäre

1. Das Gesprächsklima ist träge, die Mitglieder sind desinteressiert.
2. Die Anwesenden sind nett und höflich zueinander.
3. Das Gespräch interessiert die Teilnehmer und befriedigt die meisten.
4. Die Diskussion ist heftig, die Beziehungen sind gespannt.
5. Das Gespräch ist engagiert, lebhaft und fordert alle Teilnehmer heraus.

Kritik

1. Die einzelnen Beiträge werden wenig oder gar nicht kritisiert.
2. Fehler werden höflich übergangen.
3. Vorschläge werden kritisiert und mit der Aufforderung verbunden, nach besseren Lösungen/Ideen zu durchsuchen.
4. Kritik wird von einigen Mitgliedern als Ablehnung empfunden und löst Widerstand, Rückzug oder Aggressionen aus.
5. Ideen und Vorschläge werden kritisch überprüft und wenn nötig verbessert.

Vorgehen

● Jeder Teilnehmer erhält die 4 Bereiche des Lernklimas (möglichst auf separaten Blättern): Führung, Entscheidungen, Atmosphäre, Kritik.

● Jede Aussage wird bewertet, inwieweit sie auf die Kurssituation, auf die Projektgruppe, auf den Unterricht zutrifft.
Es stehen 5 Bewertungsstufen zur Verfügung, wobei 1 «trifft *nicht* zu» und 5 «trifft in hohem Masse zu» bedeutet.

● Anschliessend werden die Blätter nach Bereichen geordnet.

● Die Gruppe teilt sich in 4 Untergruppen auf. Jede Gruppe übernimmt einen Bereich zur Auswertung.
Anhand des *Auswertungsblattes* (s. u. S. 134) werden die Beurteilungen ausgezählt:
– Häufigkeit
– Summe (alle Beurteilungen zusammenzählen)
– Streubreite (sind die Beurteilungen über alle möglichen Stufen verteilt, dann wäre die Streubreite 5, sind aber alle Beurteilungen bei 1 und 2, dann hätten wir die Streubreite 2, usw.).
Diese Streubreite ist wichtig, weil daraus ersichtlich ist, wie *homogen* bzw. *heterogen* das Lernklima eingeschätzt wird. In der Regel sagt sie auch etwas darüber aus, wie homogen/heterogen die Teilnehmergruppe ist.

● Die Gruppe versucht, die Ergebnisse zusammenzufassen und zu interpretieren.

● Die Untergruppen stellen ihre Ergebnisse im Plenum vor und diskutieren gemeinsam Lösungen.
Aus dem Gesamtergebnis (über alle Bereiche) wird auch ersichtlich, in welchen Bereichen Veränderungen angesetzt werden müssen, damit das Lernklima verbessert werden kann.

(Die Items des Fragebogens sind z.T. übernommen von: *Rabenstein 1980*, 126).

Auswertungsblatt ‹Fragebogen zum Lernklima›

Führung	1	2	Häufigkeit 3	4	5	Summe	Streu- breite
1. Die Diskussion ist sprunghaft.							
2. Die Atmosphäre ist freundlich und harmonisch – wenig sachbezogen.							
3. Der Gruppen-/Kursleiter dominiert die Arbeit.							
4. Verschiedene Teilnehmer wechseln sich in der Leitung ab und versuchen, Thema und Richtung der Diskussion zu bestimmen.							
5. Die Gruppe hat die Arbeit untereinander verteilt. Jedes Mitglied leistet seinen Beitrag.							

Entscheidungen

	1	2	3	4	5	Summe	Streu-breite
1. Vorschläge werden nicht aufgegriffen oder einfach überhört.							
2. Man beschäftigt sich nur mit einem Vorschlag, wenn er von andern Gruppenmitgliedern unterstützt wird.							
3. Man einigt sich auf Kompromisse.							
4. Ein oder mehrere Teilnehmer versuchen, Entscheidungen gewaltsam durchzusetzen.							
5. Entscheidungen werden unter Beteiligung aller so formuliert, dass jeder zustimmen kann.							

Atmosphäre

	1	2	3	4	5	Summe	Streu-breite
1. Das Gesprächsklima ist träge, die Mitglieder sind desinteressiert.							
2. Die Anwesenden sind nett und höflich zueinander.							
3. Das Gespräch interessiert die Teilnehmer und befriedigt die meisten.							
4. Die Diskussion ist heftig, die Beziehungen sind gespannt.							
5. Das Gespräch ist engagiert, lebhaft und fordert alle Teilnehmer heraus.							

Kritik

	1	2	3	4	5	Summe	Streu-breite
1. Die einzelnen Beiträge werden wenig oder gar nicht kritisiert.							
2. Fehler werden höflich übergangen.							
3. Vorschläge werden kritisiert und mit der Aufforderung verbunden, nach besseren Lösungen/Ideen zu durchsuchen.							
4. Kritik wird von einigen Mitgliedern als Ablehnung empfunden und löst Widerstand, Rückzug oder Aggressionen aus.							
5. Ideen und Vorschläge werden kritisch überprüft und wenn nötig verbessert.							

Themenmarkt

Ausgangslage

In der vorangegangenen Kurssequenz haben die Teilnehmer (Lehrer) in Gruppen ihren eigenen Unterricht vorgestellt. Dabei haben sich gewisse Kristallisationspunkte herausgebildet, d.h. Unterrichtssituationen oder -aspekte, die
○ auch für andere Teilnehmer von Bedeutung sind,
○ einem Bedürfnis nach Weiterbearbeitung und Vertiefung entsprechen.

Problem

Reduzieren der sich andeutenden Vielfalt von Arbeitsgegenständen für die Fortsetzung des Kurses auf eine beschränkte Anzahl (3), die am Nachmittag in Gruppen vertieft werden können.

Vorgehen: Vorbereitung und Durchführung eines Themenmarktes

● Auftreten mit der *für einen selbst* wichtigsten Themenstellung auf einem Markt, wo ein Wettbewerb zwischen verschiedenen denkbaren Arbeitsgegenständen herrscht.

Es geht dabei darum,
○ das Angebot der andern Teilnehmer zu sichten und zu prüfen,
○ mögliche ‹Käufer› für die eigene Themenstellung zu interessieren,
○ um die Bedingungen von «Kauf» und «Verkauf» zu markten: «Ich übernehme dein Thema, falls du es – gemäss meinen eigenen Vorstellungen – in gewissen Einzelheiten abänderst oder erweiterst.»

Marktordnung

● In Einzelarbeit entscheiden sich die ‹Marktfahrer› für eine eigene Themenstellung und versuchen sie für den Markt herzurichten (45 Minuten).
● Ab punkt 11 Uhr 30 können die Stände aufgestellt bzw. das Angebot aufgelegt werden. Wer später kommt, riskiert einen schlechteren Platz zu erwischen.
● Marktplatz ist der Plenumsraum.
● Der Markt dauert von punkt 11 Uhr 45 bis 12 Uhr 30.
● Zur Präsentation und Anpreisung der eigenen ‹Ware› können prinzipiell alle Mittel eingesetzt werden.

Ziel

Bis Marktschluss (12 Uhr 30) hat sich die Marktlage in der Weise verändert, dass sich genau 3 Gruppen um je eine (ev. modifizierte) Themenstellung herum gruppieren. An diesen 3 Themenstellungen wird am Nachmittag weiter gearbeitet.

Leiter

Die Leiter fungieren als ‹Marktkontrolleure›, d.h.,
● sie sorgen für strikte Einhaltung der Marktordnung (Zeitstruktur planen und einhalten);
● sie beobachten den Prozess z. H. der Abendauswertung.

(Brühwiler/Rosenmund/Vögeli 1982)

Feedback

Thesen zur Feedbacktheorie

1. Unter Feedback verstehen wir einen Prozess, der kreisförmig verläuft. Jedes Verhalten von A innerhalb einer Gruppe – das einer Weitergabe von Informationen gleichkommt – bewirkt ein Feedback aller übrigen Mitglieder. Diese Rückkoppelungen wirken auf A zurück – aber auch auf alle anderen Mitglieder und Leiter, die wiederum weitere Rückkoppelungen auslösen.

   Dies hat zur Konsequenz, dass das Verhalten jedes einzelnen in einer Gruppe/Klasse im Zusammenhang mit dem Verhalten aller übrigen steht.

2. Feedback der Teilnehmer und Feedback der Leiter beeinflussen sich gegenseitig. Sie bedingen sich, sowohl in quantitativer als auch in qualitativer Hinsicht.

3. Es gibt zwei Ebenen von Feedback:
   a) das interpersonale/intergruppale Feedback,
   b) das ‹systemische› Feedback: das Insgesamt der selbstregulierenden Kräfte in einem System.

4. In jedem System sind zwei Grundkräfte wirksam:
   a) die morphostatischen, die den Status quo erhalten;
   b) die morphogenetischen, welche die Entwicklung des Systems vorantreiben.

   Das Ziel jedes Systems ist die Homöostase (Gleichgewicht): das System will sich erhalten, sich anpassen an die sich wandelnde Umwelt (Selbstregulation).

5. Wir unterscheiden zwischen *positiver* und *negativer* Rückkoppelung (Feedback):

Positive Rückkoppelung

Sie entsteht, wenn sich Wirkung und Rückwirkung gegenseitig verstärken, also gleichgerichtet sind. Positive Rückkoppelung ist notwendig, um in Systemen Dinge zum Laufen zu bringen (morphogenetische Kräfte).

Negative Rückkoppelung

Wirkung und Rückwirkung sind entgegengesetzt. Dem Gesetz der Selbstregulation folgend führt die negative Rückkoppelung zur Erhaltung des Bestehenden (Überhandnehmen der morphostatischen Kräfte).

Für die Lebens-(Überlebens-)fähigkeit eines Systems sind positive und negative Rückkoppelungen erforderlich.

6. Meist will ein System nur soviel verändern, dass es ihm möglich ist, sich nicht zu verändern.

7. Feedback im Rahmen einer Ausbildung (Lernen) gehört in den Bereich der formativen Beurteilung. Feedback soll etwas aussagen über die aktive Gestaltung und Formung von Lernprozessen.

8. Feedback ist immer ein kommunikativer Akt. Das ‹Material› der Kommunikation besteht keineswegs nur aus Worten, sondern auch aus allen andern paralinguistischen Phänomenen, wie z.B.: Tonfall, Schnelligkeit, Langsamkeit der Sprache; Pausen, Lachen, Seufzen; Körperhaltung, Ausdrucksbewegungen, Schweigen.

9. Rückkoppelungen spielen eine entscheidende Rolle ·in der Entwicklung der sozialen Wahrnehmung und in der Identitätsfindung (u.a. durch die Veränderung des Selbst-/Fremdbildes).

Das Johari-Fenster

bezieht sich auf die Verhaltensweisen eines Menschen und zeigt auf eine schematische, aber eindrückliche Weise die Auswirkungen, die Möglichkeiten von Rückkoppelungen.

Sb: dem Selbst bekannt
Sbn: dem Selbst nicht bekannt
Ab: dem andern bekannt
Abn: dem andern nicht bekannt

I: Bereich der freien Aktivität (öffentliche Person)
II: Bereich des blinden Flecks
III: Bereich des Vermeidens, Verbergens (Privatperson)
IV: Bereich der unbekannten Aktivität (auch Unbewusstes)

Das Johari-Fenster zeigt, dass ein funktionierendes Feedback-System es möglich macht, die Verhaltensweisen des I. Quadranten auf Kosten der Quadranten II und III auszuweiten. Der Quadrant IV wird in der Regel nur durch therapeutische Bemühungen verkleinert.

Thesen zur Feedback-Praxis

1. In der Feedback-Praxis ist darauf zu achten, dass häufig offensichtlich ‹krankhafte› Züge der einen für die offenbare Normalität der andern funktional sind und dass sich möglicherweise die Homöostase einer Gruppe/Klasse gerade auf das Vorhandensein bestimmter störender Verhaltensweisen abstützt.

2. Es gibt viele Methoden- bzw. Übungssammlungen für die Feedback-Praxis. Feedback ist aber weniger eine Methodenfrage als vielmehr eine Einstellungsfrage.
Methodensammlungen können aber einen guten Einstieg bieten.

3. Feedback soll Regulierung–Steuerung–Formung des Lernprozesses ermöglichen.

4. Je länger, je häufiger Feedback keinen (direkten) Einfluss auf den laufenden Prozess hat, desto mehr geht die Bereitschaft zurück, explizite Feedbacks zu geben.

5. Für einen Klassenverband, für eine Kursgruppe in der Erwachsenenbildung ist die Feedbackintegration von grosser Bedeutung, wenn die Arbeitsgemeinschaft ein offenes, entwicklungsfähiges System bleiben will. Wo, wie, wann, durch wen geschieht die Feedbackintegration?
Die Lehrer- bzw. Kursleiterkonferenz könnte von Zeit zu Zeit auch als Feedback-Konferenz gestaltet werden (systemisches Feedback).

6. Überall wo agiert und reagiert wird, ist auch Feedback wirksam (vgl. auch das Axiom von P. Watzlawick: «Ich kann mich nicht nicht verhalten.»).
Nur: meistens wird das Vage, Unbestimmte der Klarheit vorgezogen.

7. Welches sind die morphostatischen bzw. morphogenetischen Kräfte in meiner Klasse, in meiner Kursgruppe?
Welche positiven und negativen Rückkoppelungstendenzen stelle ich bei mir fest? In der Teilnehmergruppe? In der Klasse?

8. Die Form des Feedbacks entscheidet in der Regel über deren Wirksamkeit:

Kriterien:

○ zur richtigen Zeit
○ Wahrnehmungen, Vermutungen und Gefühle äussern
○ kurz und begrenzt
○ Unmittelbarkeit
○ Klassen-, Gruppenfeedback
○ ohne Zwang zur Veränderung
○ Ziele verdeutlichen
○ zuhören und überprüfen
○ Reaktionen über das Feedback mitteilen

Feedback-Methoden-Übungen

▶ *Schriftliches Feedback*

In der Gruppe werden gemeinsam die Kriterien festgelegt, die den Feedbacks zugrundegelegt werden sollen: z.B.:

● Wie ich mit dir/euch zusammengearbeitet habe?
● Was ich besonders an dir/euch mag?
● Was ich am wenigsten an dir/euch mag?
● Was ich gerne mit dir/euch unternehmen möchte? Usw.

Anschliessend bekommt jeder Schüler/Teilnehmer soviele Feedback-Bögen wie Schüler/Teilnehmer ausser ihm in der Gruppe/Klasse sind. Er trägt die Kriterien ein, schreibt seinen Namen und den des Adressaten ein und formuliert zu jedem Kriterium eine Aussage. Anschliessend bekommt jeder Teilnehmer/Schüler die Bögen, die für ihn ausgefüllt worden sind.

Jeder Teilnehmer/Schüler hat die Möglichkeit, sich im Einzelgespräch oder in der Gesamtgruppe/Klasse genauer nach dem Feedback zu erkundigen.

▶ Stimmungs-Barometer (s. o. S. 61)
▶ Blitzlicht (s. o. S. 41)

▶ *Abstand nehmen*

Der Lehrer/Leiter lässt alle aufstehen – geht ins Freie . . .
Er erklärt einen Gegenstand in der Mitte des Raumes / im Freien zum Symbol des eben behandelten Themas (Stuhl, Tisch, Blumenstrauss . . .).
Er fordert die Teilnehmer auf, so viel räumliche Distanz zu dem Gegenstand einzunehmen, wie sie in diesem Moment innerlich zum Thema empfinden.
Jeder Teilnehmer/Schüler begründet seinen Abstand mit einem Satz. Es soll schon vorgekommen sein, dass Teilnehmer bei dieser Übung den Unterrichtsraum verlassen haben!!! Folgen?

▶ Gruppenbild malen (s. o. S. 33)
▶ Photolangage (s. o. S. 37-39)
▶ Stummer Dialog (s. o. S. 63)
▶ Polaritätsprofile (s. o. S. 125f.)
▶ Platzanalyse (s. o. S. 101f.)
▶ Video-Feedback

▶ **Formalisiertes Feedback**

Rote Karte: Ist mir sympatisch, angenehm, kann ich gut leiden.
Gelbe Karte: Könnte die Gruppe führen bzw. führt die Gruppe.

Grüne Karte: Ist tüchtig, bringt gute Beiträge.
Blaue Karte: Ist mir unsympathisch, unangenehm, mag ich nicht.
Graue Karte: Fällt nicht auf, hält sich zurück.
Weisse Karte: Ihn/sie vestehe ich nicht, ich werde aus ihrem/seinem Verhalten nicht klug.

Version in der Durchführung: offen / geheim
Besprechung: individuell nachfragen, Bedeutung in der Gruppe

▶ Partnerinterview (s. o. S. 27)
▶ Analogien (s. o. S. 59)

Gaymann

Gaymann (K 85, 16. Sept.)

Lernverständnis und Projektarbeit

Chümez (Ka 83, 2.November)

Bausteine eines Lernkonzeptes für die Erwachsenenbildung

„Beim Bogenschiessen, sowie beim Erlernen irgendeiner anderen Kunst, geht es letzten Endes nicht um das, was herauskommt, sondern um das, was herein kommt! Herein, d.h. in den Menschen herein. ... Auch das sich-üben im Dienst einer äußeren Leistung dient über sie hinaus dem Werden des inneren Menschen. Und was gefährdet dies innere Werden des Menschen vor allem ? Das Stehenbleiben im Gewordenen! Im Zunehmen bleiben muß der Mensch – im Zunehmen bleiben ohne Ende!" (K.G. Dürckheim, München 1975, S.8).

1 Anpassung und Entwicklung

Lernen wird verstanden als Um- und Neuorganisation von Wissen, Denken und Erfahrungen. Diese Um- und Neuorganisation schließt Entwicklungs- und Anpassungsprozesse ein.
Entwicklung und Anpassung bilden zwei Pole eines Kontinuums von Veränderungsprozessen.

Anpassung

An-passen an veränderte Bedingungen, ohne die Grundstrukturen (Prämissen, Ord-nungs- und Orientierungsmuster...) zu verändern; d.h. Anpassungsprozesse beinhalten immer „etwas mehr oder weniger" des Bestehenden:
Wachsen – Schrumpfen – Wechsel, Austausch von einzelnen Elementen, Personen, Methoden, Formen – Perfektionieren, Stabilisieren des Bestehenden.

Entwicklung

Entwicklung meint Veränderung des Bestehenden, indem Grundstrukturen (Prämissen, Ordnungs- und Orientierungsmuster) mitbetroffen sind. Entwicklungsprozesse sind erkennbar an der neuen Gestalt, an Verhaltensänderungen, die mit Einstellungsänderungen einhergehen:
Umgestaltung – Formveränderungen – Erneuerung – Innovation – Selbsterneuerung.

Entwicklung und Anpassung stehen in einem *kreisförmigen Zusammenhang.* Die Anpassung erreicht irgendwann einmal einen Höhepunkt, wo sie nicht mehr perfektioniert werden kann, wo Entwicklung ansteht. Häufig bleiben Veränderungsprozesse hier stehen, weil die Widerstände für einen Entwicklungsschritt zu groß oder die entstehenden Krisen zu bedrohlich sind. Nach erfolgten Veränderungsschritten setzen immer wieder Anpassungsprozesse ein.

144

Widerstände können eigentlich an jeder Stelle des Kontinuums auftreten, werden in der Regel aber deutlich stärker, wenn Entwicklungsschritte im Sinne von Lernen anstehen.

2. Fortbildung und Lernen

Lernen findet nicht exklusiv in der Fortbildung statt. Lernen ist so anzulegen, zu initiieren, daß in der Praxis weitergelernt werden kann. Diese These richtet sich gegen die weitverbreitete Meinung, daß in der Fortbildung gelernt wird und anschließend dieses Gelernte in die Praxis übertragen werden kann. Dieses Verständnis ist zu linear und greift zu kurz.

In der Fortbildung wird Lernen, Entwicklung initiiert, das in der Praxis fortgesetzt wird.

3. Lernen in der Gruppe erhöht die Betroffenheit

Lernen, Entwicklung setzt Betroffenheit voraus. Die Betroffenheit wird in der Gruppe und durch sie erhöht. Betroffenheit wird dann erreicht, wenn die einzelnen ihre Entwicklung selber in die Hand nehmen. Die Gruppe ist ihnen dabei behilflich. Jede Entwicklung einer Person findet in einem sozialen Kontext statt. Selbsterneuerung und Selbstorganisation des einzelnen und der Gruppe führen zu neuen Einsichten und Möglichkeiten.

4. Arbeit und Identität

In der freien und beruflichen Erwachsenenbildung werden immer wieder Fragen nach der Identität aktuell:
Durch Arbeit gestaltet der Mensch sein Leben und seine Umwelt. Er verwirklicht sich in seinem Tun. Das Geschaffene bietet ihm Möglichkeiten zur Identifizierung.
Die Leistung einzelner Personen stehen nicht isoliert für sich selbst. Sie werden gesehen – mit ihnen in Zusammenhang gebracht. Verlust, Angst, Unzufriedenheit, Erfolglosigkeit in der Arbeit bedeutet Einschränkung von Selbstverwirklichung und sozialer Anerkennung.
Petzold und Heinl (1983, 178ff.) sprechen von den 5 Säulen der Identität:

Arbeit und Leistung

Was bedeutet mir Arbeit und Leistung?
Bin ich zufrieden mit meiner Arbeit – mit meiner Leistung?
Wieviel arbeite ich im Beruf? Im Haushalt? In der Freizeit?
Wie stehe ich zu Rivalität und Konkurrenz?
Körper (Gesundheit)
Was bedeutet mir mein Körper?
Achte ich auf Körpersignale?
Was gefällt mir an meinem Körper – womit habe ich Mühe?

Soziale Beziehungen – soziales Netz?

Was bedeutet mir mein soziales Netz?
Welches sind meine wichtigsten Bezugspersonen?
Wie gestalte ich meine Beziehungen zu diesen Personen?

Materielle Sicherheit

Was bedeutet mir materielle Sicherheit?
Worin besteht meine materielle Sicherheit?
Worauf könnte ich verzichten.
Was brauche ich unbedingt?
Welche materiellen Verpflichtungen habe ich?

»Jahrelang habe ich gespart, und jetzt habe ich vergessen, wozu ich das Geld eigentlich haben wollte.«

Datile (aus Kästner,E. 1962)

Werte

Welche Maximen gelten für mich?
Wo stimmt mein Verhalten mit meinen Werten überein? Wo nicht?
Weshalb?
Was gibt meinem Leben Sinn?
Die Säulen schaffen und stützen die Identität gleichzeitig. So wie diese fünf Säulen vernetzt sind, werden sie auch in die Erwachsenenbildung hineinwirken.

5. Bildung statt Schulung

Die Erwachsenenbildung setzt ihren Schwerpunkt auf Bildung und nicht auf Schulung.

Projekte ermöglichen eine Vielfalt an Lernmöglichkeiten. Nicht alle Erwachsenen lernen zur gleichen Zeit auf die gleiche Art und Weise gleich viel, gern und gut. Dies ist auch nicht verwunderlich aufgrund der unterschiedlichsten Lern- und Lebenserfahrungen – dies gilt bestimmt auch für Jugendliche und Kinder. Lernen geschieht auf verschiedenen *Kanälen* (hören, sehen, erkunden, denken, lesen, spüren, imaginieren, bewegen). Durch die Komplexität der Projektarbeit werden die verschiedensten Kanäle aktiviert.

Die Projektarbeit ist in der Erwachsenenbildung immer häufiger anzutreffen, so daß es sich lohnt, sie als Integrationsmöglichkeit vieler Methoden zu beschreiben (s. in der Beschreibung der Projektarbeit die Querverweise zur Methodensammlung).

Bildung	**Schulung**
induktiv	deduktiv
versuchsweise	endgültig
dynamisch	statisch
Verstehen	Auswendiglernen
Ideen	Fakten
weit	beschränkt
tief	oberflächlich
erfahrungsoffen	routinemäßig
aktiv	passiv
Fragen	Antworten
Prozeß	Ergebnis
Strategie	Taktik
Alternativen	Ziel
Erkundung	Vorhersage
Entdeckung	Dogma
aktiv	reaktiv
Initiative	Leitung
ganzheitlich	einseitig rational
Leben	Arbeit
langfristig	kurzfristig
Wandel	Stabilität
Inhalt	Form
flexibel	starr
Risiko	Regeln
Synthese	These
offen	geschlossen
Phantasie	gesunder Menschenverstand

(s.W. Bennis l990, S. 49)

Andun Hetland (aus Kästner,E.1962)

Das ganzheit-liche Denken und Handeln in der Projektarbeit

und Teilnehmer nicht auf diese Arbeitsweise vorbereitet. Kursleiter und Kursleiterinnen beginnen mit einer Projektorientierung, mit kleinen Projekten und Teilnehmer und Teilnehmerinnen lassen sich auf einen Lernprozess ein.

Der Anspruch an die Theorie besteht darin, daß sich Kursleiter und Leiterinnen orientieren können. Der vorliegende Exkurs soll auf den vier Ebenen *Anregungen* vermitteln, die es ermöglichen, begonnene Lernprozesse weiterzuführen, in dem immer wieder neue und mehr Elemente in Projektarbeit eingebaut werden. Die Theorie bietet Reflexionsmöglichkeiten, einen Spiegel, in dem für die einzelnen sicht- und ortbar wird, wo sie in ihrer Projektentwicklung stehen und Anregungen erhalten, ihren weiteren Weg zu gestalten.

I. Ebene: Systemisches Denken und Handeln
II Ebene: Merkmale und Phasen der Projektarbeit
III. Ebene: Projektgruppen-Dynamik
IV Ebene: Lernen der einzelnen

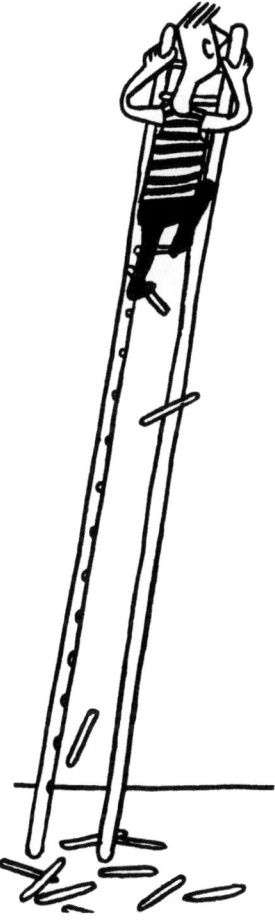

C.Manzoni (aus Kästner,E.1962)

Anhand von 4 Ebenen, die in jedem Projekt wirksam sind, dieses auch prägen und sich gegenseitig durchdringen sollten, wird *Theorie* und *Praxis* der *Projektarbeit* beschrieben. Die folgenden Ausführungen bezwekken nicht, ein Dogma zu beschreiben, was Projekte sind und was nicht. Jede Projektarbeit hat ihren Anfang. Häufig sind Teilnehmerinnen

I. Ebene: Systemisches Denken und Handeln

Ein wichtiges Postulat in der Erwachsenenbildung besteht darin, daß Erwachsene über vielseitige Berufs- und Lebenserfahrungen verfügen. Nicht allen Erwachsenen ist dies bewußt. Hier setzt auch ein Anliegen der Erwachsenenbildung an, diese Erfahrungen zu aktivieren, dieses Bewußtsein zu entwickeln. Entwicklungsprozesse beginnen immer mit Prozessen zur Selbstdiagnose, die, werden sie genügend lange und umfassend mit anderen durchgeführt, zu *Veränderungszielen führen.*

Erfahrungen können nur beschränkt durch Wissen ersetzt werden. Sie können durch Wissen eingeordnet, integriert, ergänzt und verdeutlicht werden. Dies bedingt als Voraussetzung das Bewußtwerden der gemachten Erfahrungen.

Unbekannt (Ka 84, 28. November)

Wenn nun das Lernen von Erwachsenen in den Kontext ihrer Erfahrungen gestellt wird, gelangen wir zu einer systemischen Betrachtungsweise: Jedes Lernen einer Person steht mit ihrer Biografie, mit ihrer Geschichte in Beziehung – oder anders gesagt – die einzelnen Stationen, Ereignisse sind durch die Person miteinander verknüpft – sie stehen untereinander in einer Wechselbeziehung – sie beeinflussen einander. Wir können diese Betrachtungsweise auch als interaktiv beschreiben. Die verschiedenen Lebensalter – die verschiedenen Lebensereignisse stehen in Interaktion.

Erfahrungen haben gezeigt, daß diese Betrachtungsweise erfolgreicher wird, wenn die Interaktion nicht nur vertikal – das historisch geworden sein –, sondern auch horizontal erfolgt – also in der Gruppe.

Diese horizontale und vertikale Interaktion wird so komplex, daß wir mit unserem antrainierten Denken in linearen Kausalketten nicht mehr zu Rande kommen.

Das „neue Denken" denkt in Zusammenhängen. Als wesentlicher Motor in der Verbreitung dieses Denkens wirkt die Ökologie. Eine Wissenschaft, die durch ihren Ganzheitsanspruch sehr schnell das Handeln in das Denken integrierte, als zwingende Folge ihren Denkens. Wenn sich Denken und Handeln zusammenschließen, erhält die Kommunikation, der Austausch zwischen Menschen, einen hohen Stellenwert. Aus diesem Grunde heißt der erste Grundsatz des systemischen Denkens und Handelns „Kommunikation".

1. Jedes Denken und Lernen ist Kommunikation

P. Watzlawick (1969, S. 50ff.) hat 5 Axiome, Grundeigenschaften der Kommunikation beschrieben:

Es ist nicht möglich, uns nicht zu verhalten.
Wir können uns verkriechen, die Augen schliessen, schlafen, uns interessieren, fehlen, uns unmöglich aufführen, uns verweigern – wir verhalten uns immer. Wir können uns nicht auflösen oder die erwünschte Tarnkappe aufsetzen, uns in Luft auflösen ... es gelingt uns nicht, uns nicht zu verhalten.

Jede Kommunikation hat einen Inhalts- und einen Beziehungsaspekt, wobei der letztere den ersteren bestimmt.
Jede Lernveranstaltung ist ein interaktives System, d.h., daß ständig Personen in Beziehung stehen und Informationen austauschen, gewollt oder ungewollt. Lernen geschieht immer in Beziehungen zwischen den Lernenden, den Lernenden und Lehrenden.

Wössner (Ka 89, 20. April)

Eine ermutigende Haltung eines Kursleiters auf der Beziehungsebene fördert und eine entmutigende Haltung hemmt das Lernen eines Teilnehmers. In der Projektarbeit bearbeitet die Gruppe (Beziehungsebene) das Thema, die Problemstellung (Inhaltsebene). Daraus ergibt sich für jede Projektgruppe eine Primär- und eine Sekundäraufgabe. Die Primäraufgabe ist das Thema und die Sekundäraufgabe beinhaltet die Art und Weise, wie dieses Thema bearbeitet wird, die Gruppenarbeit. Begleitet wird ein Projekt in beiden Aufgabenstellungen.
Verbale sowie nonverbale Kommunikation gehören immer zusammen, sind eingeschlossen wie Kopf, Herz, Hand und Körper.

Auf der Inhaltsebene wird digital und auf der Beziehungsebene analog kommuniziert.

Die digitale Kommunikation meint die verbale Informationsübermittlung (durch Zeichen) und die analoge Kommunikation bezieht sich auf Tonfall, Mimik, Gesten, Art und Weise des methodisch-didaktischen Vorgehens usw. Mittels Tonfall, Gesten ... teilen wir dem Gegenüber mit, wie der Inhalt zu verstehen ist bzw. aufgefaßt werden soll.
Die Interaktionsdynamik bezieht sich auf die Interaktionsabfolge. Die entstehenden Interaktionsstrukturen (Tendenzen in der Interaktionsabfolge) sind in jeder Gruppenentwicklung von Bedeutung.

Jede Kommunikation, jede Lernsituation beinhaltet eine bestimmte Interpunktion.
Diesen Begriff kennen wir aus der Grammatik: die Zeichensetzung, die der Sprache den Rhythmus verleiht. In Lernsituationen bezieht sich die Interpunktion auf die Verhaltens-Abfolge: die Kursleiterin stellt eine Frage, ein Teilnehmer meldet sich, anschließend kommentiert ein Kursleiter, einer gähnt, ein anderer rutscht unruhig hin und her, eine Kursteilnehmerin meldet sich, ein Teilnehmergespräch entsteht usw.

Jeder Kommunikation liegt eine komplementäre oder eine symmetrische Struktur zugrunde.
Die klassischen Rollen im Unterricht, Lehrer/Lehrerin und Schüler/Schülerin, sind komplementäre Rollen, die einander bedingen und beeinflussen. Im Gegensatz zu dieser komplementären Struktur wird in der Projektarbeit eine symmetrische Struktur angestrebt, die auch der Grundhaltung in der Erwachsenenbildung entspricht.

Canzler 1963

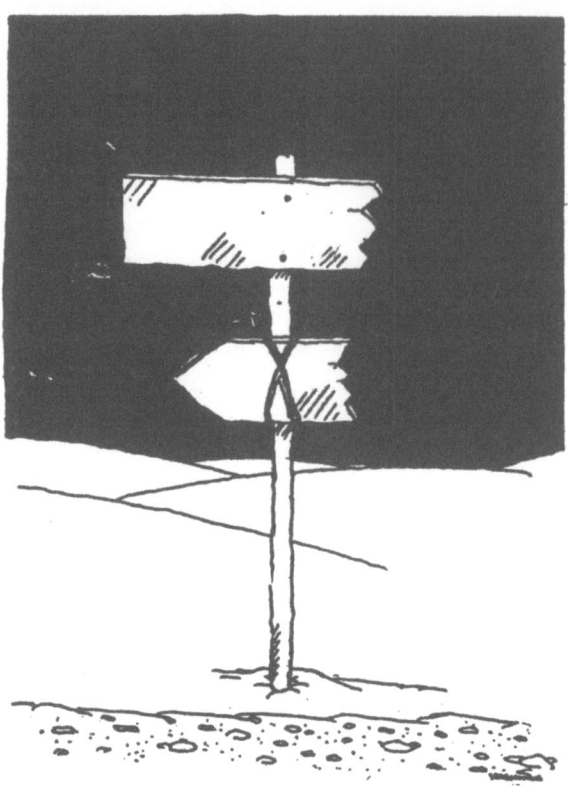

Die Konsequenzen:

Diese Grundeigenschaften der Kommunikation beziehen sich auf die Zusammenarbeit in den Projektgruppen, sie bilden deren Grundlage.
Folgerungen:

o Wenn wir uns nicht verhalten können, befinden wir uns immer in Interaktion. Die Gruppenmitglieder werden darauf sensibilisiert und ProjektbegleiterInnen haben darauf zu achten.

o Die Interaktionen leisten immer einen Beitrag zum Thema – und gleichzeitig zur Beziehungsstruktur. Beide – Inhalt und Beziehung – gehören zusammen. Sie müssen immer wieder aufeinander gespiegelt werden.

o Die Interpunktionen bestimmen die Interaktionsstruktur und diese die Qualität der Zusammenarbeit.

o Komplementäre und symmetrische Beziehungen bestimmen die Einflussstruktur in der Gruppe und bestimmen das Verhalten zwischen Gruppe, Begleiter und Begleiterin.

2. Das Ganze und seine Teile

Eine Kursgruppe, eine Klasse ist immer eine dynamische Ganzheit. Immer bestehen diese Gruppen aus einer Anzahl von Personen, die ihre Gruppe prägen. Keine Gruppe ist gleich wie eine andere. Diese Eigenart entsteht aus dem Zusammenwirken der Teilnehmer und Teilnehmerinnen und ihren Leiterinnen und Leitern innerhalb eines Kurses, in den Räumen z.B. eines Kurszentrums.
Das Ganze und seine Teile bezieht sich aber nicht nur auf das Zusammenwirken in Lerngruppen, sondern auch auf die Lerngegenstände.
In einem Lehrerfortbildungskurs über Umwelterziehung lernen Teilnehmer und Teilnehmerinnen das Ökosystem *Weiher* kennen. Auf einer Exkursion sehen sie den Weiher, die Fische, die darin schwimmen, Enten, Wasserläufer, Pflanzen, Bäume, Sträucher, die vielen Spaziergänger mit ihren Hunden, die Familien, die picknicken usw. Die Kursleiter können den Weiher als Anlaß nehmen, um die Systematik der Vögel, der Pflanzen, der Fische zu erarbeiten, die „Tiefenstruktur" der einzelnen Elemente dieses Ökosystems. Dadurch lernen

die Teilnehmer und Teilnehmerinnen aber nicht die Wirkungen zwischen diesen Elementen kennen, die sehr wesentlich sind. Ohne diese zu kennen, werden sie auch nie das Ökosystem Weiher verstehen. Dieses Lernen der Vernetzung und in der Vernetzung ist ein zentrales Anliegen der Projektarbeit.

Das Ganze und seine Teile führt uns unmittelbar zum dritten Grundsatz des systemischen Denkens.

3. Die Teile, Elemente eines Systems sind durch zirkuläre Beziehungen zu einem vielfältigen Netzwerk verbunden

Die zirkulären Beziehungen sind bestimmte Beziehungsarten. Wir unterscheiden gleichgerichtete Beziehungen und entgegengesetzte Beziehungen.

Gleichgerichtete Beziehungen oder positive Rückkoppelungen können folgendermaßen charakterisiert werden:

o je größer ....desto größer
o je stärker........ desto stärker

Beispiel:

Je mehr Menschen es gibt, desto mehr Kinder können gezeugt werden. Je mehr Kinder gezeugt werden, desto mehr Menschen wird es geben, die wiederum Kinder zeugen und so fort.

Menschenzahl und Geburten schaukeln sich auf. Dieses Phänomen wird als *Aufschaukelung* bezeichnet.

o je kleiner....... desto kleiner
o je weniger....... desto weniger

Beispiel:

Wenn wir uns wenig bewegen, werden unsere Muskeln schwach. Je schwächer die Muskeln, desto schwerer fällt uns jede Körperleistung. Wir bewegen uns noch weniger, die Muskeln geraten schließlich aus der Übung.

Über den Bewegungsmangel schaukeln sich also die Körperkräfte immer schneller ab.

Entgegengesetzte Beziehungen oder negative Rückkoppelungen können so charakterisiert werden:

o je größer.........desto kleiner
o je kleiner.........desto größer
o je weniger..........desto mehr

Je schneller der Wolf läuft, desto mehr Hasen kann er fangen...je mehr Hasen er fängt, desto dicker wird er...desto langsamer kann er laufen...desto weniger Hasen fängt er...desto dünner wird er wieder...um so schneller kann er wieder laufen...wieder mehr Hasen fangen ...und so fort (Vester 1978,S.80).

Einige Beispiele aus der Lehrerfortbildung:

Ein Lehrer muß im Rahmen der Langschuljahre 60 Stunden Fortbildung besuchen. Er macht schlechte Erfahrungen, kehrt in die Schule zurück, beläßt in seinem Unterricht alles beim alten. Er wird mit noch schlechterer Motivation weitere Kurse besuchen und das nur, wenn er dazu gezwungen wird. Von der Dynamik her führt dies zu Verhärtung, zur Erstarrung.

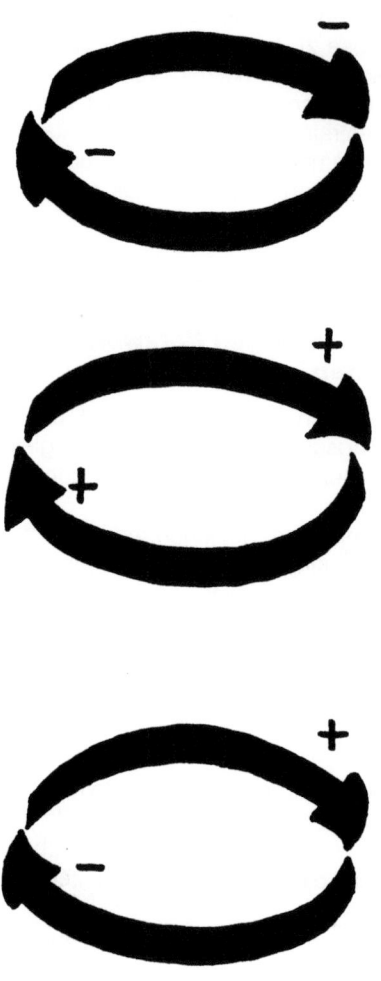

Eine Lehrerin arbeitet in einer Projektwoche „Ökologie" im Rahmen der Fortbildung mit und ist begeistert. Sie beginnt in ihrer Klasse mit ganz kleinen Projekten. Die Schüler sprechen sehr an auf diesen Unterricht und sind ebenso begeistert und möchten mehr so arbeiten.
Dieser Aufschaukelungsprozeß ermöglicht der Lehrerin, ihren Unterricht zu verändern, weiterzuentwickeln.

Ein Kollege aus einer andern Schulgemeinde hat die gleiche Projektwoche besucht, arbeitete im gleichen Projekt wie die oben beschriebene Lehrerin. Auch er beginnt mit projektorientiertem Unterricht. Doch schon bald melden sich ehrgeizige Eltern beim Lehrer und intervenieren bei der Behörde. Sie verlangen vom Lehrer, daß er wieder wie früher unterrichte.
Die negative Rückkoppelung bremst die Entwicklung.

Auf der Ebene der Primäraufgabe dem Thema) bilden diese Beziehungsarten ein wichtiges Denk- und Planungsinstrument. In der Projektarbeit geht es nie um Routinearbeiten, sondern um aktuelle, komplexe Fragestellungen. Ausgangspunkte bilden Begriffsnetze (s.S. 98, Schaubilder). In einem weiteren Schritt werden die bekannten, vermuteten Beziehungen, Rückkoppelungen eingezeichnet – und schon sind wir mitten in der Problemstellung (s.S. 99: Feedbackdiagramm). Ein weiteres Beispiel (neben dem verwiesenen), das positive und negative Rückkoppelungen enthält:

Probst, Gomez (1989,S.26)

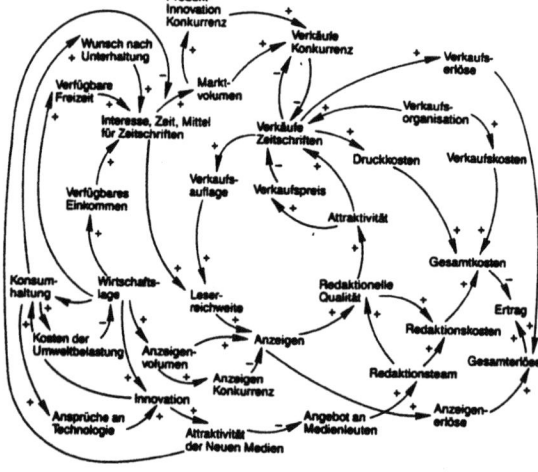

Netzwerk der Publikumszeitschrift

Die gleichen zirkulären Beziehungen spielen selbstverständlich in die Sekundäraufgabe hinein: die Beziehungen zwischen den Projektgruppenmitgliedern.

Wie wir im Kapitel über die Projektdynamik sehen werden, sind es vor allem negative Rückkoppelungen, die die Gruppe im Gleichgewicht halten: Kritik, Ausgleich, Vernunft usw. und die positiven Rückkoppelungen, die zu Krisen führen. Wir scheuen Krisen und Konflikte, obwohl wir ahnen, daß sie uns weiterführen in der Entwicklung. Wir ärgern und freuen uns an negativen Rückkoppelungen, die für Ruhe, Ordnung und Stabilität sorgen – aber auch Entwicklung verhindern. Rivalisierende Gruppenmitglieder schaukeln sich auf bis die Arbeit blockiert ist oder die Gruppe sich auflöst, sofern die Projektbegleitung nicht interveniert. Eine eher schüchterne Projektmitarbeiterin entschließt sich, aktiver in der Gruppe mitzuarbeiten, doch bald wird sie von einem eher autoritären Mann wieder in ihre Schranken gewiesen. In einer andern Projektgruppe darf aus ideologischen Gründen kein Mitglied Leitungsfunktionen übernehmen. Sobald ein Mitglied beispielsweise das Vorgehen strukturieren möchte, stößt er oder sie auf Widerstand.(Vergleiche in diesem Zusammenhang auch die Methoden „Feedback" S. 137f.)

4. Systeme sind offen gegenüber der Umwelt und stehen mit ihr in einer Wechselbeziehung

Wenn wir die Erfahrungen der Teilnehmer und Teilnehmerinnen aktivieren und einbeziehen, öffnen wir den Inhalt, den Stoff für die „Umwelt".

Wir schaffen Übergänge, Durchlässigkeiten und Interpretationsmöglichkeiten.

Diese Grundsätze sind auf beiden Aufgabenebenen (Primär- und Sekundäraufgabe) der Projektarbeit wirksam. Das Thema als auch der einzelne und die Gruppen sind offene Systeme oder müssen „geöffnet" werden, damit die Wechselwirkungen (S.3.) spürbar werden und der Erkenntnis offenstehen.

Wechselwirkungen, in denen die *einzelnen* stehen:

- ihre bisherigen Lernerfahrungen prägen das momentane Lernverhalten,
- ihre aktuelle Lebenssituation: als Frau/Mann, Vater/Mutter, Partner/Partnerin, als Berufsfrau/Berufsmann, das Beziehungsnetz, die materielle Situation, die momentane Gesundheit usw.,
- ihre bisherigen Gruppenerfahrungen (Gruppengeschichte),
- ihre inhaltlichen Vorkenntnisse.

Wechselwirkungen zwischen verschiedenen *Projektgruppen*:

Wird in der kursorischen Erwachsenenbildung in Projekten gearbeitet, bestehen meistens mehrere Projektgruppen. Auch diese Gruppen stehen untereinander in Wechselbeziehungen: Kooperation/Konkurrenz, Zusammensetzung und Größe der Projektgruppen, die verschiedenen Begleiter und Begleiterinnen – nur um einige Beispiele zu nennen.

Beispiele für Wechselwirkungen auf der *Inhaltsebene* sind im vorangehenden Kapitel beschrieben.

Im Zusammenhang mit Unterricht sind wir immer wieder versucht, den Inhalt, den Stoff von seiner Umwelt zu isolieren. Vernetzungen zu Nachbardisziplinen werden abgeschnitten, der Aktualitätsbezug wird ausgeschlossen. Diese willkürlichen Eingrenzungen werden vorgenommen, damit der Inhalt vermittelbarer, verständlicher wird. Wenn Lehrer, Erwachsenenbildner diese oft als didaktisch bezeichneten Maßnahmen durchführen, nämlich in ihren Vorbereitungen, müßten sie zumindest den Lernenden gegenüber transparent gemacht werden.

Die Projektarbeit will durch das Aufnehmen aktueller Anlässe und der Betonung des vernetzten Lernens diesen vorschnellen Einschränkungen entgegenwirken bzw. die Offenheit der Systeme und deren Wechselwirkungen mit ihren Umwelten fördern.

5. Komplexität

Damit Komplexität bewältigt werden kann – und das wird immer dringender in der heutigen Problem- und Informationsflut – brauchen wir eine entsprechende Komplexität im Umgang mit ihr. Die herkömmliche Didaktik beschäftigte sich vor allem mit der Kom-

154

plexitätsreduktion – etwas überspitzt gesagt – mit der Aufbereitung von verdaubaren Portionen. Damit lernen die Lernenden aber nichts zur Bewältigung von komplexen Problemen – im Gegenteil – sie warten auf verdaubare (komplexitätsreduzierte) Portionen, die ihnen durch verschiedene Medien, Parteien und ihre Programme auch geliefert werden. Wir arbeiten so gegen die Anforderungen, die an die Berufsbildung für die Zukunft gestellt werden. Schlüsselqualifikationen, die in diesem Zusammenhang häufig genannt werden und auch für die Erwachsenenbildung gültig sind: selbständiges Lernen, Handeln, Problemlösungsfähigkeit, Denken in komplexen Zusammenhängen, Flexibilität und Übersicht.

6. Entwicklung

„Entwicklung hat weniger damit zu tun, wieviel wir haben, sondern vielmehr, was wir aus dem machen, was wir haben. Entwicklung hat mit der Fähigkeit zu tun, sich neues Wissen und Können anzueignen, neue Möglichkeiten absichtsgeleitet zu nutzen, neue Wünsche und Bedürfnisse zu entdecken und aufzugreifen, den Ressourcenverbrauch zu mindern und das Angebot an Ressourcen sinnvoll auf neue Art zu nutzen. Entwicklung bedeutet auch, daß noch nicht dagewesene Eigenschaften, Fähigkeiten und Beziehungen entstehen, geschaffen oder integriert werden" (Ulrich/Probst 1988,S.91).

Bild: Grafik der Grundkräfte im System

Jede Entwicklung bewegt sich zwischen den Extremen Erneuerung und Erhaltung. Eine Überbetonung der Erneuerung führt ins Chaos und eine einseitige Betonung der Erhaltung in die Erstarrung. Beide Wege verhindern Entwicklung (s. folgende Grafik).

Entwicklung bedeutet, beide Grundkräfte zu berücksichtigen, die Erneuerung und die Erhaltung. Entwicklung wird oft gleichgesetzt mit Lernen. Lernen zu lernen betont den Prozeß, der eine Verbesserung des Lernens und eine Erleichterung des Verlernens beinhaltet. Lernen ist weder übertragbar noch machbar. Jeder muß selbst lernen und damit sich selbst entwickeln.

Galileo Galilei: „Man kann einen Menschen nichts lehren. Man kann ihm nur helfen, es in sich selbst zu entdecken" (Ulrich/Probst 1988,S.94).

Auf Lernsituationen bezogen, können wir sagen: Je größer und vielfältiger die Verhaltensmöglichkeiten der Lernenden in einer Gruppe sind und je mehr Wechselbeziehungen zu ihrer Umwelt bestehen (Arbeit, Wohn- und Lebenssituation, Freizeit), um so lernfähiger sind sie, um so mehr lernen sie und um so größer und vielfältiger ist ihre Dynamik, das, was sich jeder Lehrende und jede Lehrende wünscht.

„Wenn du ein Schiff bauen willst, so trommle nicht Männer zusammen, um Holz zu beschaffen, Werkzeuge vorzubereiten, Aufgaben zu vergeben und die Arbeit einzuteilen, sondern lehre die Männer die Sehnsucht nach dem weiten, endlosen Meer."
A. de Saint-Exupéry

Dieses Verständnis von Entwicklung und Lernen entspricht den Intentionen der Projektarbeit.

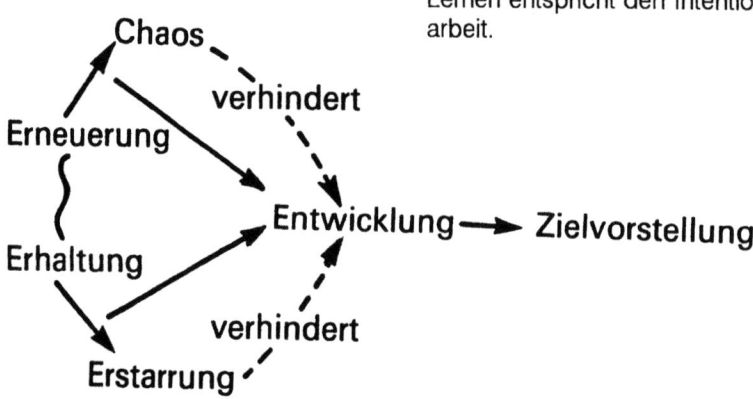

ES IST DIESE INNERE LEERE, DIE MIR
ZUR ZEIT SO ZU SCHAFFEN MACHT !

Puth (Ka 89, 25. November)

II. Ebene: Merkmale und Phasen der Projektarbeit

„Willst Du erkennen, lerne zu handeln !"
(H. v. Foerster, zit. in Watzlawick 1988,S.79, 90, 103)

Die zweite Ebene des Modells ist die Methodenebene. Jede Gruppe, die ein Projekt realisieren möchte, braucht eine Methode – einen Weg, um die angestrebten Ziele zu erreichen.
Im folgenden wird die Projektarbeit beschrieben, einerseits durch die *phänomenologische* Betrachtungsweise: Welche Merkmale zeichnen die Projektarbeit aus ? Und andererseits durch die *prozessuale* Betrachtungsweise: Welche Phasen sind in der Projektentwicklung festzustellen?

1. Merkmale

1.1 Jedes Projekt hat einen aktuellen Anlaß

Projekte werden in der Regel durch Aktualitäten angestossen – durch die Interessen der Lernenden und Lehrenden.
Interessen sind ein Sprungbrett zu Kontakt und Handeln, sie führen zu gemeinsamen Projekten. Diese Aktualität kann sich auf das Tagesgeschehen beziehen, auf bestimmte Aufgabenstellungen, auf die Lerngruppe selbst, z.B. auf interne Konflikte, auf die unterschiedlichen Bildungsbiografien der Teilneh-

mer und Teilnehmerinnen, auf Ereignisse aus ihrer Arbeitswelt usw. Die Aktualität ergibt sich auch häufig aus der Motivation, bestimmte Weiterbildungsveranstaltungen zu besuchen; also themenbezogen.

Dieses Merkmal bezieht sich auch darauf, daß Lernende in Projekten durch ihre Interessen motiviert sind zu arbeiten.

1.2 Die Leiterrolle verändert sich

Da in der Projektarbeit die Lernenden viele klassische Lehrerfunktionen übernehmen wie beispielsweise Themenfindung, Gruppenbildung, Zielsetzungen erarbeiten, Planung, Auswertung usw. tritt der Leiter/die Leiterin in den Hintergrund. Der Kursleiter/die Kursleiterin schafft Raum für Teilnehmerprojekte, um Lernen anzuregen. Dazu ist immer ein Minimum und nicht ein Maximum an Regeln notwendig. Die Aufgabe dieses „Hintergrundlehrers" ist die Begleitung der Projekte.
Wenn immer möglich, sind Formen von Team Teaching anzustreben (s.S. 129ff.).
Sowohl die Kursleiterrolle als auch die Lehrerrolle beinhaltet die Führung der Lernenden und Führen geschieht immer aufgrund von Menschenbildern.
Sie machen Aussagen darüber, wie auf Personen eingewirkt werden muß, damit sie arbeiten bzw. lernen.

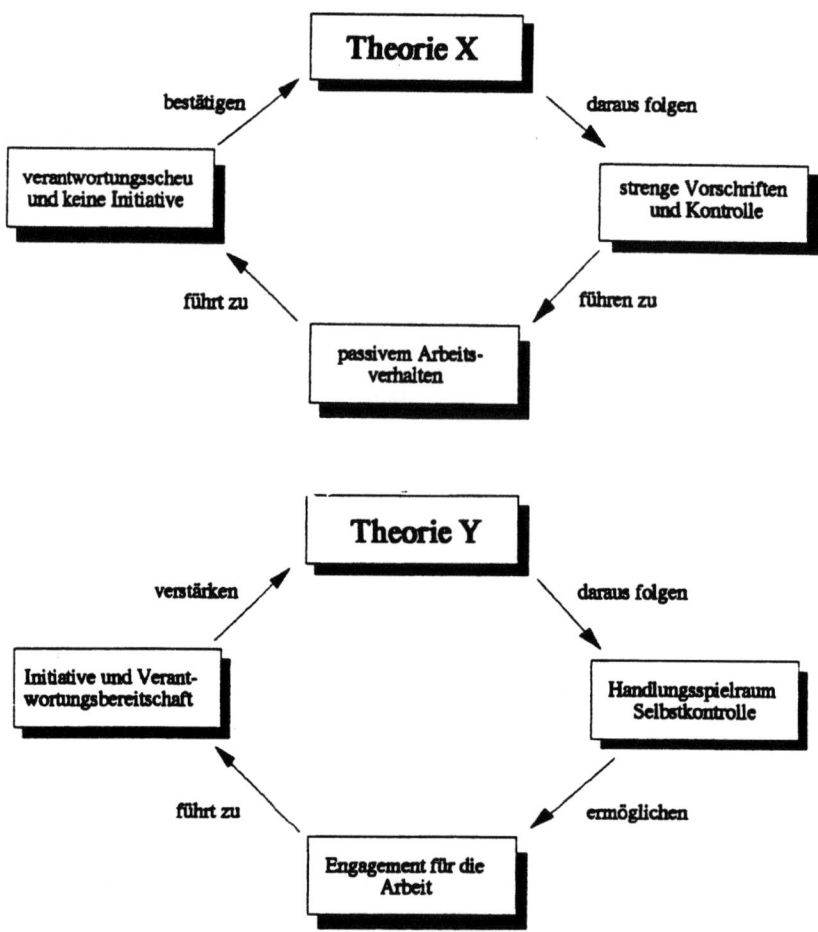

Menschenbilder und ihre Auswirkungen (nach Mc Gregor)

Projektbegleitung

Projektbegleitung ist eine Funktion. Wer sie innehat ist weder Mitglied noch Leiter der Gruppe. Somit ist diese Person auch nur von Zeit zu Zeit, geplant, in der Gruppe dabei. Eine besonders gute Voraussetzung für die Projektarbeit besteht darin, wenn die Projektbegleiter und Projektbegleiterinnen selbst auch eine Gruppe bilden. Die Zusammenarbeit in dieser Gruppe bildet einen kooperationsfördernden Kontext für die Projektgruppen. Die Voraussetzung für eine optimale Projektbegleitung ist der *Kontrakt* zwischen der Projektgruppe und der Projektbegleitung. Der Kontrakt beinhaltet die Ziele der Projektbegleitung und die Klärung der gegenseitigen Erwartungen.

Erwartungen der Projektgruppe an die Projektbegleitung:

– Durchführen der Standortbestimmungen
– Inhaltliche Anregungen
– Hilfestellungen in schwierigen Situationen
– Herausforderung
– Arbeitsfähigkeit der Gruppe unterstützen
– Zusammenarbeit entwickeln helfen

Erwartungen der Projektbegleitung an die Projektgruppen

– offen für Entwicklungen
– Termine einhalten
– Akzeptanz der Primär- und Sekundäraufgabe
– kritisches Hinterfragen der Arbeit
– Rollenflexibilität
– einhalten der Vereinbarungen

F.K. Wächter (Serie 22, Zeichnungen von F.K. Wächter)

Am Schluß dieses Klärungsprozesses steht ein Kontrakt, eine *Vereinbarung* zwischen der Projektgruppe und der Projektbegleitung.
In der Folge achtet die Projektbegleitung darauf, daß dieser Kontrakt eingehalten und wenn nötig thematisiert wird. Im weiteren unterstützt die Projektbegleitung die Projektgruppe durch spezielle Interventionen.

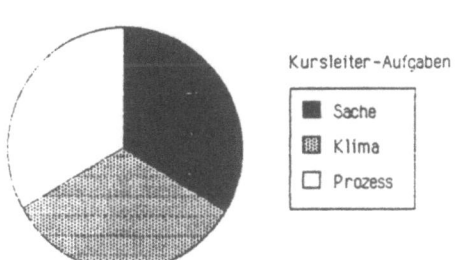

Kursleiter-Aufgaben

- ■ Sache
- ▒ Klima
- ☐ Prozess

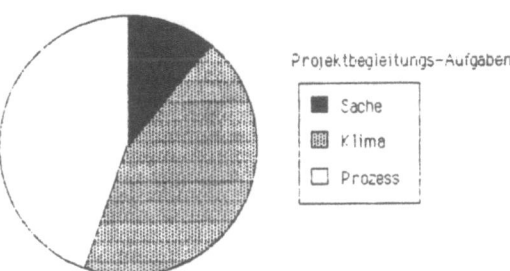

Projektbegleitungs-Aufgaben

- ■ Sache
- ▒ Klima
- ☐ Prozess

Interventionen im Sinne von dazwischentreten, eingreifen, einmischen, widersprechen, aussagen, fragen. Anforderungen an alle Interventionen:

Sie müssen *offen* sein,
bewusstes oder unbewusstes Eingreifen in ein Geschehen, einen Prozeß – ausgerichtet auf eine offen deklarierte Zielsetzung,
funktional,
die Interventionen beziehen sich auf eine abgesprochene, vereinbarte Funktionsverteilung,
wertschätzend,
die Interventionen beachten die Situation, Ziele, Gesprächspartner, die Person des Begleiters, der Begleiterin, die Zeitstruktur, die Primär- und Sekundäraufgabe,
konstruktiv,
sie unterstützen Ziele, Wünsche, Bedürfnisse, Interessen der beteiligten Personen.

Struktursetzende Interventionen

Auf der Inhaltsebene (Primäraufgabe).
– Vorgehensvorschläge
– inhaltliche Beiträge
– Feedback (S.137-139)
– mögliche Methoden vorschlagen (s. Methodensammlung)
– aufzeigen von Alternativen

Auf der Beziehungsebene (Sekundäraufgabe):
– Standortbestimmungen (S.29, 122) (Blitzlicht (S.41), Analogien (S.59), Stimmungsbarometer (S.61)

Auf der Ebene der Interaktionsdynamik:
– Rollenfunktionen in der Gruppe
– Zusammenarbeit (Ziele s.1.3)
– Entscheidungsverfahren
– Spannungsregulation
– Integration

Büttner (Ka 89, 15. Juli)

Intensität der Interventionen

o Beiläufiges Ansprechen (verdeutlichen, antippen), erläuternde Interpretationen, Vereinfachungen.
o Direktes Ansprechen (Spiegelung, Feedback an die Gruppe, an einzelne Mitglieder).
o Konfrontation (den Kern des Konfliktes ansprechen, Gegenüberstellungen).

Angemessene Konfrontation wirkt anregend. Zu starke Konfrontationen wirken vergiftend. Methoden, richtig eingesetzt, sind wirksame Interventionsinstrumente (vgl. auf S.24/25 die Methoden unter dem Stichwort „Interventionsinstrumente").

„Im Gespräch entwickeln sich ungeplant und unerwartet neue Ideen. Man kann einen gelingenden Gesprächsverlauf nicht eigentlich planen, wohl aber stören. Ein Mächtiger kann Beiträge abwerten und/oder unterdrücken, kann abbrechen, entscheiden und/oder befehlen"(J. Schmidt 1990, S.71).

Topi (aus Kästner, E.1962)

1.3 Gemeinsames Handeln

Projektarbeit basiert immer auf Zusammenarbeit der Lernenden in verschiedenen Projektgruppen. Sie beinhaltet die **soziale Vernetzung**, die Ebene der Zusammenarbeit und die **inhaltliche Vernetzung**, die verschiedenen Aspekte des Projektthemas. Die Vernetzung dieser beiden Ebenen stimmt mit dem 5. Grundsatz des systemischen Denkens überein: Damit Komplexität bewältigt werden kann, brauchen wir einen entsprechenden Komplexitätsgrad in der Bearbeitung dieses Gegenstandes.

Die wichtigsten Ziele der Zusammenarbeit:

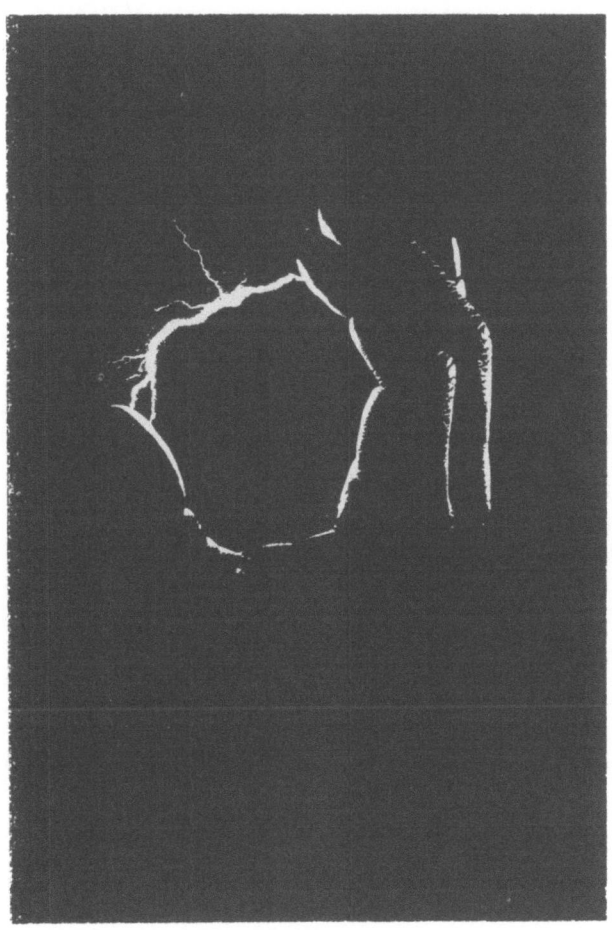

Foto von T. Stone und St. Johnson,
(Ed. "Laser-Color", Nürnberg)

Canzler 1963

Erweiterung des Interaktionssystems

Jedes Lernen, jede Neuerung und jede echte Problemlösung erfordert eine Erweiterung des Interaktionsnetzes. In der Projektarbeit werden Mitbetroffene einbezogen. Die ProjektmitarbeiterInnen benutzen neue Literatur zur Informationsgewinnung, interviewen Aussenstehende und machen Schlüsselpersonen ausfindig. Durch die veränderte Leiterrolle wird der Kontaktbereich mit dem Kursleiter, der Kursleiterin und zwischen den Lernenden erweitert.

Erweiterung des Interaktionsnetzes heißt somit auch, erschließen und einbeziehen neuer Ressourcen.

Die Problemlösungsfähigkeit wird vergrößert

Durch die vielen Sichtweisen, das vorhandene Wissen, die gemachten Erfahrungen, die in einer Projektgruppe vernetzt werden können, werden Problemlösungen qualitativ besser.

Das Potential einer Gruppe freilegen

Hier gilt das synergetische Prinzip 2+2=5 oder das Zusammenwirken in der Gruppe, das Ganze ist mehr als die Summe seiner Teile.

Gruppenmitglieder, denen es in der Projektgruppe nicht wohl ist, die verunsichert sind, halten sich zurück, nehmen an der Arbeit nicht oder nur auf Sparflamme teil. Sie halten nicht nur sich zurück, sondern auch alles, was sie zu sagen hätten (Wissen, Ideen, ihre Arbeitskraft). In solchen Gruppen fließt die Energie nicht, sie ist blockiert, gebunden. Ein Ziel der Zusammenarbeit ist es, diese für die Projektarbeit verfügbar zu machen.

Größere Arbeitszufriedenheit

Die Arbeitszufriedenheit ist sowohl Ziel als auch Produkt der gelungenen Zusammenarbeit. Sind die Lernenden in der Projektgruppe integriert, ihre Beiträge, Sichtweisen gefragt und akzeptiert, entsteht eine höhere Identifikation mit dem Projekt und sie sind dadurch mit ihrer Arbeit zufriedener.

Vernetztes Lernen wird möglich

Häufig sind Aufgaben, Problemstellungen zu eng gefaßt. Das vernetzte Lernen will Nachbardisziplinen, weiterführende Fragestellungen einbeziehen. Die einzelnen suchen weitere Kollegen, Kolleginnen, aussenstehende Personen, die mitarbeiten. Sie möchten sie be-teil-igen. Sie werden Teil des Projekts.

Die Projektarbeit will die "Isoliertheit" des Lernens aufheben und die Umwelt miteinbeziehen, z.B. Experten, Expertinnen, Betriebe, Institute, andere Ausbildungsorganisationen usw.

Projekte beziehen sich auf konkrete Problemstellungen und die daran beteiligten Personen werden in die Arbeit miteinbezogen.

1.4 Selbstorganisation

Die Kursteilnehmer und Kursteilnehmerinnen planen ihre Projekte selbst – unter Mitarbeit eines Projektbegleiters, einer Projektbegleiterin.

Die Arbeit wird dich lehren wie man sie tut!

Sie planen ihre Arbeitsorganisation – ihre Ziele – ihre Wege, wie sie diese Ziele erreichen wollen.

Die Arbeitsorganisation beinhaltet eine innere Struktur: Projektleiter, Teamleitung, Ressortverteilung, Untergruppenarbeit, Phasen der Einzelarbeit usw. und eine äußere Struktur: die Zusammenarbeit mit der Begleitung, mit andern Projektgruppen, externen Fachleuten, der Projektorganisation usw.

Die Planung der Projektarbeit erfolgt immer aufgrund vorgegebener Rahmenbedingungen:

– Zeitlicher Rahmen
– Gruppengröße
– Arbeitsräume
– Material
– finanzielle Ressourcen
– Kontrakt mit BegleiterIn
– Fixpunkte

1.5 Projektbeteiligte werden einbezogen

Da das Lernen in Gruppen davon ausgeht, daß das Interaktionssystem erweitert werden muß, findet Lernen im Kontakt mit der Umwelt statt. Die klassische Vorstellung, daß Lernen in Schulzimmern stattfinden muß, wird aufgehoben. Lernen kann in der Interaktion überall stattfinden.

Beziehen sich Projekte auf konkrete Problemstellungen, so werden die daran beteiligten Personen in die Projektarbeit einbezogen (vgl. auch die Aktionsphase).

1.6 Methoden entdecken, anwenden, lernen ist Bestandteil des Inhalts

Die Projektarbeit verstärkt das Staunen, das Verwundertsein , will provozieren. Das Rätselhafte, Ungeklärte, Offene soll in den Vordergrund rücken. Die forschende Grundhaltung steht im Mittelpunkt. Forschen beginnt bekanntlich damit, daß wir neugierig sind, daß wir die Welt mit offenen Augen betrachten.

Das Suchen von Lösungen – von Wegen – ist Bestandteil des Inhalts. Die Gruppen werden sich in Methoden wie beispielsweise Teilnehmende Beobachtung, Interview-Technik, bestimmte Recherchiermethoden, inhaltsanalytische Methoden usw. einarbeiten müssen. Für solche Anliegen werden auch Experten und Expertinnen zugezogen.

1.7 Suchen von Lösungen, erproben und auswerten

Die Projektarbeit beinhaltet auch immer Verfahren zur Problemlösung (S. 79ff.). In jedem guten Problemlösungsverfahren geht es darum, möglichst viele Lösungen zu finden, die geeignetste auszuwählen, zu erproben und auszuwerten. Kilpatrik – einer der Pioniere des Projektunterrichtes – beschreibt dieses Merkmal: In der Erfahrung der Lösung von Problemen im kleinen kommt die Möglichkeit der Lösung im großen zum Vorschein.

1.8 Projektergebnisse werden an Mitbetroffene gerichtet

Das Lernen in Projekten ist mit der Präsentation des Resultats noch nicht beendet. Das Gelernte wird an die Mitbetroffenen weitervermittelt: bestimmte Gruppierungen, Vereine, Parteien, Öffentlichkeit, Belegschaft eines Bildungszentrums, Lehrmeister und Lehrmeisterinnen, Betriebe, Private usw. (vgl. die Aktionsphase im nächsten Kapitel).

Die Mitglieder der Projektgruppen haben im Projekt gelernt und machen die Erfahrungen/Erkenntnisse für andere fruchtbar. Lernen ist nicht Selbstzweck, sondern soll Veränderungen anregen, bewirken, und seien diese auch noch so klein.

1.9 Reflexion

In der Projektarbeit hat die Reflexion einen wichtigen Stellenwert. Die rollende Planung in diesem Lernsetting bedingt, daß in regelmäßigen Standortbestimmungen die vorliegende Planung mit dem tatsächlichen Verlauf verglichen und reflektiert wird. Nur auf diesem Hintergrund wird eine ständige Modifikation der Planung möglich, und zwar auf der inhaltlichen (Projektthema) als auch auf der Beziehungsebene (Projektgruppe). Aufgrund des ganzheitlichen Ansatzes wird nachvollziehbar, daß in der Reflexion die Selbst- und Fremdbeurteilung von Bedeutung ist.
(Auswertungsmethoden, Lerngruppe thematisieren s. Übersicht S.24/25).

1.10 Projektorganisation

Werden beispielsweise in einem Kurs verschiedene Projekte realisiert, wird die Frage nach deren Vernetzung aktuell. Dies leistet die Projektorganisation. In diesem Zusammenhang sind einige Grundsätze von Bedeutung:

o Die einzelnen Projekte bestimmen einen Leiter, eine Leiterin oder einen Delegierten, eine Delegierte, die ihr Projekt in der Entwicklungsgruppe vertreten.
o Die Vernetzung der einzelnen Projekte wird durch die Entwicklungsgruppe gewährleistet. Ihr gehören die ProjektbegleiterInnen und die Delegierten der einzelnen Projektgruppen an.
Die Aufgaben dieser Entwicklungsgruppe können wie folgt umschrieben werden:

Überblick

Die Entwicklungsgruppe hält sich auf dem neuesten Stand der Entwicklungen in den einzelnen Projekten. Dies kann durch Austausch, durch Einladung von Gästen, durch Literatur, durch Protokolle, Besuche usw. erfolgen. Im weiteren hält sie sich mittels Situationsanalysen auf dem laufenden; wo welche Probleme bestehen bzw. Entwicklungen in Gang gebracht werden müssen.

Initiative

Die Entwicklungsgruppe ist auch Anlaufstelle für Initiativen innerhalb des Projekts. Die Mitglieder der Begleitgruppe sind initiativ bezogen auf den Hin- und Herfluß der Informationen.

Beratung – Begleitung

Die Entwicklungsgruppe hat Beratungsfunktion für die Projektleiter und die Projektleiterinnen. Sie unterstützt sie in der Projektorganisation und in der Durchführung: Planungs-, Realisierungs-, Aktions-, Auswertungs- und Folgephase (Anwendungs- und Nutzungsphase).

Überwachung – Kontrolle

Die Entwicklungsgruppe wacht über die Projektziele und die vereinbarten Rahmenbedingungen (Termine, Kosten...) Sie versucht auch die Auswirkungen während des Projektverlaufs zu kontrollieren (Rückkoppelungen).
Die Entwicklungsgruppe koordiniert die einzelnen Projekte.

Information

Die Entwicklungsgruppe ist verantwortlich für die Information aller Beteiligten. Das System muß an der Entwicklung partizipieren und darf nicht erst mit dem Ergebnis/Produkt konfrontiert werden.
Die Information muß regelmäßig erfolgen (schriftlich, mündlich, durch Veranstaltungen...). Die Projektleiter und Projektleiterinnen bereiten diese Informationen vor (analog zu Pressekonferenzen) und die Mitglieder tragen sie in ihre Projektgruppen und in andere relevante Arbeitsbereiche.

Berichts-Intervalle

Je nach der Laufzeit, der Komplexität und Brisanz erfolgen die Besprechungen alle 3-5 Wochen.

Systemwiderstände

Die Entwicklungsgruppe beschäftigt sich mit auftretenden Widerständen in den einzelnen Projekten und in der sie umgebenden Organisation. Sie achtet darauf, wie die Projekte im System aufgenommen werden, wie sie im System verankert sind. Die Reaktionsweise eines Systems entscheidet wesentlich über die Erfolgswahrscheinlichkeit eines Projekts.

2. Phasen eines Projekts

Projektarbeit ist prozessorientiert. Prozesse laufen ab in verschiedenen Phasen. Die im folgenden dargestellten Phasen sind nicht einfach als lineare Abfolge zu verstehen, sondern vielmehr als zirkuläre (kreisförmige) Prozesse, was bedeutet, daß spätere Phasen auch auf frühere zurückwirken können.

1. Phase: Anstoß

Aktueller Anlaß	Interessen, Bedürfnisse, Fragen kristallisieren sich heraus.
Themenfindung	Themenfindung und Gruppenbildung
Gruppenbildung	sollten möglichst miteinander verknüpft werden, um eine interessenbezogene Gruppenbildung zu erreichen. Bewußtwerdung der inhaltlichen und sozialen Vernetzung
Projektentscheid	Kontrakt zwischen Projektgruppe und Projektbegleiter/Projektbegleiterin

2. Phase: Planung

Ausgangspunkt jeder Projektplanung bildet eine Situationsanalyse. Die sich anschließende Planung erfolgt aufgrund der Rahmenbedingungen:

Grob- und Feinplanung (s.S. 115ff.)

Zeit, Räume, Material, Finanzen, – zeitlicher

Ablauf Projektbegleiter.
– Arbeitsformen
– Teilthemen

– Arbeitsschritte
– Arbeitsmaterial
– Ressourcen

Fixpunkte	Koordination, Orientierung über alle Projekte bzw. Teilprojekte
Durststrecke	Die Planungsphase kann für Ungeübte zur werden – darum soll te sie nicht zu lange sein.

3. Phase: Durchführung – Realisierung

Informations- beschaffung, -auswertung, -anwendung	Erkunden, erheben, beobachten, befragen Problemlösungsverfahren suchen, erarbeiten anwenden Interpretation der Informationen

Herstellung, Formgebung in gestalterischen Projekten
entwerfen, bearbeiten, ausführen

Aktionsphase	Das Gelernte an Mitbetroffene richten (s. unten)

4. Phase: Auswertung

Kritik und Besinnung ist ein Bestandteil des Lernens, auswerten in inhaltlicher und sozialer Hinsicht, Weg, Arbeitsschritte und -techniken

5. Phase: Folgen

projektorientierte Folgen Folgeprojekte lernzielorientierte Folgen Defizite fließen als Lernziele in weitere Lernaktivitäten ein

Die *Aktionsphase* (als Abschluß, Höhepunkt der Realisierungsphase) hat eine Schlüsselfunktion in der Projektarbeit. Aus diesem Grunde wird sie an dieser Stelle differenzierter beschrieben.

Aufgrund des Projektmerkmals „das Gelernte an Mitbetroffene richten" wird die Aktionsphase als *Lernwerkstatt – als Lernmarkt* gestaltet (vgl. S 135). Der Zeitraum für den Markt, die Werkstatt wird durch die Projektleitung festgelegt oder gemeinsam ausgehandelt.

Die Aufgabe der Projektgruppen besteht darin, den Besucher, die Besucherin der Werkstatt als Mitbetroffene zu betrachten und sie in Lernsituationen zu verwickeln, so daß sie ein Stück der Lernprozesse der Projektgruppen nachvollziehen können.

Beispiele:

o Die Besucher werden in Problemsituationen (Lernsituationen) verwickelt, wie sie sich der Projektgruppe stellten (s.S. 79ff).

o Fragebogen beantworten lassen und die Ergebnisse mit den Besuchern besprechen (s.S. 103f.).

o „Kommunikative Ausstellungen": die Besucher haben bestimmte Aufgaben zu lösen, Prognosen zu stellen, Thesen zu bilden, die Ausstellung zu erweitern – zu verändern.

o Video-Film vorführen und anschließend eine Diskussion anregen – aufgrund eines Gesprächsleitfadens (s.S. 73–75).

o Die Besucher in Tätigkeiten, Analysen verwickeln, die für die Projektarbeit zentral waren.

o Initiieren von Gruppendiskussionen aufgrund von Thesen (s.S. 71, 121f.).

o Rollenspiele (s.S. 57).
Die Projektgruppenmitglieder spielen beispielsweise die Rollen ihrer InterviewpartnerInnen. Eine Projektgruppe bearbeitete die Wohnsituation in einer Schweizerstadt. Sie führten intensive Gespräche mit Stadtrat, Leiterin der Sozialfürsorge, Leiter des Hochbauamtes und der Liegenschaftsverwaltung und einem Vertreter der Wogeno. Sie führten eine Podiumsdiskussion durch – die Mitbetroffenen waren das Publikum.

o Gestaltungsaufgaben aufgrund vorgegebener Bedingungen

o Mit den Besuchern eine Ausstellung gestalten.

o Mit den Mitbetroffenen Konsequenzen erarbeiten aufgrund der erhobenen Daten. Die Konsequenzen der ersten Besucher können durch die späteren Besucher wieder modifiziert werden.

o Aufstellen eines begleiteten Lehrpfades

Eine Erweiterung der Aktionsphase besteht darin, daß jede Projektgruppe für ihren Stand, für ihre Werkstatt wirbt, die Öffentlichkeit dazu einlädt. In diesem Fall wird der Markt an einem zentralen Ort in der Gemeinde – z.B. in einem öffentlichen Saal durchgeführt.

III. Ebene: Projektgruppen-Dynamik

Die Entwicklung der Projektgruppen verläuft unterschiedlich. Doch die übergeordnete Zielsetzung jeder Gruppenentwicklung ist eine gut funktionierende Zusammenarbeit. Viele Gruppen bleiben irgendwo in ihrer Entwicklung stehen – sie schaffen den Übergang zur nächsten Phase nicht. Sie sind auf die Projektbegleitung angewiesen, damit sie die Ziele der Zusammenarbeit erreichen können (s. Projektmerkmal „Gemeinsames Handeln"). Das Instrument, das dem Begleiter, der Begleiterin zur Verfügung steht, sind seine/ihre Interventionen (s. Projektmerkmal „Leiterrolle"). Den Hintergrund für die Projektbegleitung bildet die Kenntnis der Phasen der Projektgruppenentwicklung.

1. Orientierung

In der Projektarbeit wird darauf geachtet, daß die Themenfindung und Gruppenbildung gleichzeitig erfolgt. Einerseits liegt die Begründung im Interessenbezug und andererseits in der Zielsetzung dieser ersten Phase: der Orientierung.

In jeder neuen oder sich bildenden Gruppe steht die Orientierung im Vordergrund: Wer bin ich ? Wer sind die anderen ? Werde ich in dieser Gruppe akzeptiert ? Werde ich gehört ? Wer schließt sich mir an ? Wem kann ich mich anschließen ?

Weitere Stichworte dieser Phase sind:

o Wer verfolgt in dieser Gruppe welche Interessen ?

o Wie ist unsere Gruppe zusammengesetzt ?

o Dilemma zwischen Zuwendung (Kontakt) und Abwendung (ausweichen, Distanz)
o Abtasten der Situation (Gruppenmitglieder und BegleiterInnen)
o Die Aufmerksamkeit ist (meist) auf die eigene Person gerichtet (um bestehen zu können)
o wenig Risikobereitschaft

Wichtig: Jede Projektgruppe braucht Zeit für diese Phase – sie beinhaltet das gegenseitige Sich-Kennenlernen.

2. Positionsfindung

Diese Phase ist gegenüber der ersten nicht klar abzugrenzen. Die Gruppenbildung in der Projektarbeit geschieht aufgrund von Interessen. Diese Interessen werden deklariert. Die Teilnehmer profilieren ihre Position in dieser Phase unterschiedlich, ein erster Schritt hinsichtlich der Positionsfindung. Ein zweiter Schritt findet anschließend in den gebildeten Gruppen in Form der Positionsklärung statt. Wer hat welchen Einfluß in der Gruppe?

Weitere Phänomene in dieser Phase:

o s gibt offene und verdeckte „Einfluß-Kämpfe".
o Wer hat welchen Status in der Gruppe ?
o In der Gruppe treten Spannungen auf.
o Es können Konflikte im Zusammenhang mit der Arbeitsfähigkeit der Gruppe entstehen.
o In größeren Gruppen entstehen Untergruppen. Wer hat wo Zugang ?
o Formalisierungsversuche hinsichtlich der Projektarbeit (z.B. eine starre Arbeitsorganisation)

Wichtig: In jeder Gruppe sind Phänomene dieser Phase zu beobachten. Die Aufgabe der Projektbegleiterin, des Begleiters besteht darin, auf diese Erscheinungen hinzuweisen und auch der Gruppe zu helfen, daß sie nicht in dieser Phase stehenbleibt.

3. Phase: Normenbildung

Die Positionsfindungsphase führt die Gruppe oft in eine normative Krise, z.B. wird nie klar, wer eigentlich die Gruppe leitet, wer welche Rolle einnimmt, wie in einer Gruppe vorgegangen wird, wie Störungen in der Gruppe gehandhabt werden. Oft werden Arbeitszeiten, getroffene Vereinbarungen nicht eingehalten usw.
Diese Krise ist nicht zu unterdrücken, denn sie führt zu neuen, verbindlicheren Normen. Die Krise beinhaltet eine Chance zur Weiterentwicklung. Die Gruppe erarbeitet ihr eigenes Normensystem unter Mithilfe der Projektbegleitung.

Weitere Phänomene dieser Phase:

o Die Barrieren zwischen den Mitgliedern werden kleiner.
o Die Gruppenmitglieder gehen stärker aufeinander ein.
o Für die Projektarbeit werden alle gebraucht – jeder findet seinen Platz in der Gruppe.
o Die Gruppe erwirbt wachsende Fähigkeiten zu planen.
o Aktuell sind Fragen der Entscheidungsfindung und des Konfliktmanagements.
o Die Gruppe diskutiert über den Sinn des Projekts in inhaltlicher und sozialer Hinsicht.

Wilson (Ka 83, 24. November)

»Hau ab, Junge, wir sind komplett!«

166

4. Kooperationsphase

Diese Phase ist das Ziel der begleiteten Gruppenentwicklung und somit von entscheidender Wichtigkeit in der Projektarbeit. Dies ist die Phase, in der die Lust an der Projektarbeit groß ist. Die einen Projektgruppen erreichen diese Phase sehr schnell – andere brauchen lange, erleben viele Blockaden und Umwege. Wenn eine Gruppe aber diese Phase erreicht, ist es faszinierend zu erleben, zu was für Leistungen eine Gruppe fähig ist.

Typische Phänomene dieser Phase:

o Hohe Arbeitseffizienz
o Es wird in Untergruppen optimal gearbeitet.
o Hohe Selbständigkeit
o Hohe Rollenflexibilität, d.h. Bereitschaft, je nach Notwendigkeit unterschiedliche Rollen zu übernehmen
o Hohe Identifikation mit dem Projekt
o Die Gruppe ist offener geworden und es fällt ihr leichter, mit außen, z.B. andern Gruppen, Kontakt aufzunehmen.

5. Ablösung

In diese Phase tritt eine Projektgruppe nach der Aktion. Der Höhepunkt ist vorbei. Oft haben Gruppen kaum mehr Lust auf die Auswertung: „Es war ein Erfolg! Wozu noch auswerten ?" In unserer Kultur tun sich viele schwer mit der Ablösung, mit Abschied. Auf diesem Hintergrund wird diese Phase oft verdrängt, übergangen.

Weitere Phänomene dieser Phase:

o Kursteilnehmer, Projektgruppenmitglieder müssen früher weg.
o Langeweile taucht auf
o Alte Muster, z.B. hohe Abhängigkeit, tauchen wieder auf.
o „Alte" Probleme werden wieder thematisiert.
o Die Lernenden wenden sich ab – neuen Themen, neuen Gruppen zu: anderes wird wichtiger.
o Mitglieder schwanken zwischen euphorisch bis distanziert gegenüber Projekt und Gruppe.

Wichtig: Meistens liegt es am Projektleiter, an der Projektleiterin, auf diese Thematik hinzuweisen. Oft liegt es auch an ihnen auszuhalten und zu verstehen, daß die Kritik am Schluß eines Projektes Distanz und somit Ablösung ermöglicht und weniger als Herabminderung des Projekterfolges zu verstehen ist.

Analog zu den Phasen eines Projekts sind auch die Phasen der Gruppenentwicklung nicht als streng lineare Abfolge zu verstehen. Sie sind zirkulär miteinander verbunden: Es ist denkbar, daß mitten in der Kooperationsphase wieder Phänomene aus der Positionsfindungsphase auftreten können, die zu neuen bzw. modifizierten Normen führen können und so in die Kooperation integriert werden.
Die beschriebenen Phasen helfen dem Projektbegleiter, der Projektbegleiterin, die Prozesse der Projektgruppe besser zu verstehen und die Gruppen in ihrer Entwicklung zu unterstützen.
Gruppen sind nicht statisch, sondern lebendige, sich wandelnde Gebilde.

J. Stauber (Rorschach 1982, S.18/19)

IV. Ebene: Lernen der einzelnen

Wir haben genau soviel Angst, unser Potential auszuschöpfen, wie zu versagen.
Wir fürchten uns allgemein davor, das zu erreichen,
was uns einen kurzen Augenblick lang möglich erscheint.
A. Maslow

Projektentwicklung bedingt ein ganzheitliches Lernen. Dieses Lernen geht davon aus, daß Lernen an der Grenze stattfindet: an der Grenze zwischen Bekanntem und Unbekanntem, zwischen Erfahrenem und Unerfahrenem – dort, wo Fragen auftauchen und noch keine Antworten bekannt sind. Lernen findet dann statt, wenn die einzelnen auf solche Grenzen stoßen, mit ihnen in Kontakt treten und sie handelnd – im Projekt – überschreiten.

Der vollständige Lernprozeß (Zyklus):
Die *Bewußtwerdung* im Prozeß der Themenfindung und Gruppenbildung *führt zur Aktivierung.*
Die einzelnen beteiligen sich an der Themenfindung und Gruppenbildung. Sie nehmen Einfluß und lassen sich beeinflussen.

Dies setzt Energie frei zur Formung und Planung des Projekts und zur Entwicklung der Projektgruppe.
Diese Energie ermöglicht Handeln.
Durch dieses Handeln treten die einzelnen in Kontakt mit ihren Grenzen.
In der Durchführung/Realisierung des Projekts, im Sammeln und Bearbeiten von Lösungen, im Gestalten von Formen, Mustern *überschreiten sie dabei ihre Grenzen.*
Durch die Grenzüberschreitungen machen sie neue Erfahrungen, gewinnen sie neue Erkenntnisse, finden sie neue Lösungen, die sie in der Aktionsphase weitervermitteln.
In der Folge ziehen sie ihre Aufmerksamkeit zurück, indem sie sich der Folgen (Fähigkeiten: lernzielbezogen, Interessen: projektbezogen) bewußt geworden sind.
Zurück bleibt eine Empfindung, die mit Erfahrung, Erkenntnis, Lernen verbunden ist.
Die einzelnen können ihre Aufmerksamkeit etwas Neuem zuwenden.

Die Gruppenentwicklung befaßt sich mit den unterschiedlichen Zyklen der Mitglieder, mit den Spannungen, mit der Dynamik, die aus der Unterschiedlichkeit dieser Zyklen entstehen. Die Kunst der Projektbegleitung besteht darin, der Gruppe zu helfen, daß sich die Zyklen der einzelnen in der Gruppe treffen.

Wenn ich nicht für mich da bin,
für wen kann ich denn da sein?

Wenn ich nicht für mich da bin,
wer soll dann für mich da sein?

Wenn ich nur für mich da bin,
was dann?
Und wenn nicht jetzt –
wann dann?

Barry Flanagan: Cricketer 1981 (König, Köln)

Bild- und Zitatquellen

(s. S. ... in diesem Buch)

b:e = betrifft: erziehung. Weinheim: Beltz, S. 51, 55

B 82 = Bexte, Bernd: Kinderkalender 1982. Frankfurt: Zweitausendundeins 1981, S. 57, 110

B 83 = Bernd Bexte's Kinderkalender 1983. Berlin: Zweitausendundeins 1982, S. 89

Brecht, Bert: Geschichten vom Herrn Keuner. In: Ges. Werke. Bd. 12. Frankfurt: Suhrkamp 1967, S. 31

Brühwiler 1977
(s. Fachliteratur), Umschlag-S. 1, S. 62, 104

Canzler, Günter: ... daß ich nicht lache ... Rorschach: Nebelspalter-V. 1962, S. 75

Canzler, G.: Humoritäten. Rorschach: Nebelspalter-V. 1963, S. 12, 27

Canzler, Günter: Nur so zum Spaß. Rorschach: Nebelspalter-V. 1965, S. 111

Derlon, P.: Unter Hexern und Zauberern. Basel: Sphinx 1976, S. 88

Flanagan, B.: Cricketer 1981. Gebr. König Postkartenverlag Köln, S. 39

Jeman, Wächter, F.K.: Du und dein Auge. In: pardon 1968, 210f., S. 90-91

K 82 = Karicartoon 1982. Berlin: Elefanten Press 1981, S. 35, 49-54, 59, 67, 79, 81, 87, 95, 101, 116

K 83 = Karicartoon '83. Berlin: Elefanten Press, S. 4, 35, 77

K 84 = Karicartoon '84. Berlin: Elefanten Press, S. 10, 27, 70

K 85 = Karicartoon '85. Berlin: Elefanten Press, S. 14, 139

K 89 = Karicartoon '89. Berlin: Elefanten Press, S. 11, 21, 24

Kästner, E.: Heiterkeit braucht keine Worte. Fackelträger. Hannover 1962, S. 3, 6, 7, 9, 25

KC = Krahns Cranologie. In: Züri-Tip. Tages-Anzeiger., S. 109

Klant, Michael: Schulspott 1983. Hannover: Fackelträger 1983, S. 128

Lanners, E.: Illusionen. Luzern, Frankfurt: C.J. Bucher 1973, S. 90

Marcks, Marie: Krümm dich beizeiten! Heidelberg: Quelle & Meyer 1977 / ISBN 3-494-00916-3, S. 52

pardon = Teuflische Jahre. Das Witzigste aus „pardon". Bd. 3. Frankfurt: Bärmeier & Nikel 1968, S. 84

Probst, G.J.B. / Gomes, P. (Hrsg.): Vernetztes Denken. Gabler. Wiesbaden 1989, S. 17

Sempé: Volltreffer. Zürich: Diogenes 1975, S. 7

Sempé: Bonjour Bonsoir. Zürich: Diogenes 1974, S. 103

Schweizerische Lehrerzeitung (Hg.): Schule, Schüler und Lehrer. Zürich 1981 (SLZ-Taschenbuch 6), S. 41, 71, 100

Stauber, J.: Achtung Stufen. Nebelspalter Nr. 6, 1982, S. 18/19, Rorschach, S. 13, 36

Stern, S. 110

Stone, T. / Johnson, St.: Ed. „Laser Color", Nürnberg, S. 26

Vester, F.: Unsere Welt — ein vernetztes System. Stuttgart. Klett 1978, S. 16

Wächter, F.K.: Serie 22, Gebrüder König, Postkartenverlag Köln, S. 23

Fachliteratur (inkl. Zitatquellen)

AGEB, KAGEB, SVEB (Hg.): Das Gruppengespräch: Methodikblätter für Gruppenleiter. Zürich: Schweiz. Vereinigung für Erwachsenenbildung 1977

Antons, K.: Praxis der Gruppendynamik. Göttingen: Hogrefe 1973

Bennis, W.: Führen lernen. Campus. Frankfurt a.M. 1990

Brinkmann, G.: Team Teaching. Erfahrungen, Modelle, praktische Beispiele. Ratingen 1973

Brocher, Tobias: Gruppendynamik und Erwachsenenbildung. Braunschweig: Westermann 1967

Brühwiler, Herbert: Das schwierige Kind auf der Unterstufe. Evaluationsbericht. Zürich: Pestalozzianum 1975

Brühwiler, Herbert: Gelernt? Anregungen zum Lernen durch Selbst- und Fremdbeurteilung in der Erwachsenenbildung. Illustrationen: Josef Brühwiler. Zürich: Pestalozzianum 1977

Brühwiler, H.; Egli, O. 1986 (interne Arbeitsunterlage)

Brühwiler, H.; Rosenmund, M.; Vögeli, A.: Soziales Lernen. 1982 (Kursunterlagen, Maschinenschrift)

Dubs, R.: Umwelterziehung — Einflußmöglichkeiten der Berufsschule. St. Gallen: Hochschule für Wirtschafts- und Sozialwissenschaften 1984

Dürckheim, K.G.: Wunderbare Katze. München 1975

Frese, H.: Erwachsenenbildung, eine Praxistheorie. Freiburg i.Br. 1976

Freudenreich, D.: Das Planspiel in der sozialen und pädagogischen Praxis. München: Kösel 1979

Frielingsdorf, K.: Lernen in Gruppen. Einsiedeln: Benziger 1973

Gendlin, E.T.: Focusing — Technik der Selbsthilfe bei der Lösung persönlicher Probleme. Salzburg: Müller 1981

Glasl, F.: Konfliktmanagement. Bern, Stuttgart: Huber 1980

Grom, B.: Methoden für den Religionsunterricht, Jugendarbeit und Erwachsenenbildung. Düsseldorf: Pathmos/Vandenhoeck & Ruprecht 1976

Hauser, H.P.: Kurse zur beruflichen und allgemeinen Weiterbildung. Sommersemester 1991

John, R.; Fallner, H.: Handlungsmodell Supervision. Mayen: Schreder 1980

Kollegg, M.: Führungsgespräche mit Mitarbeitern. München: Moderne Industrie 1971

König, Judith; Kappeler, Ch.: Kursauswertung. In: MGB-Koordinationsstelle der Klubschulen (Hrsg.): Kursauswertung. Zürich 1981, 60 ff.

Kube, K.: Spieldidaktik. Düsseldorf: Schwann 1977

Kurzfilm
Katholische Filmwerke (Hg.): Die Arbeit mit dem Kurzfilm. Mediendidaktik 2. Schriftenreihe Medienpraxis. Frankfurt: Kath. Filmwerke

Lazarus, A.: Innenbilder. München: Pfeiffer 1980

Leypoldt, M.M.: Hilfe — Ich bin Gruppenleiter. Kassel: 1970

ME
Pädagogische Arbeitsstelle des deutschen Volkshochschulverbandes e.V. (Hg.): Methodik der Erwachsenenbildung im Ausland. Entraînement mental. Arbeitsunterlagen für Volkshochschulen 10. 2. Aufl. Frankfurt: 1965

Meueler, E.: Erwachsene lernen. Beschreibung, Erfahrungen, Anstöße. Stuttgart: Klett-Cotta 1982

Meyer, E. (Hg.): Team Teaching. Versuch und Kontrolle. Heidelberg: Quelle & Meyer 1971

Mucchielli, R.: Das Leiten von Zusammenkünften. Salzburg: Müller 1972

Mucchielli, R.: Gruppeninterview. Salzburg: Müller 1973

Mucchielli, R.: Kommunikation und Kommunikationsnetze. Salzburg: Müller 1974

Nezel, I.: (Kursunterlage). Zürich: Pestalozzianum 1976

Pädagogische Arbeitsstelle des deutschen Volkshochschulverbandes e.V. — siehe: ME

Peterssen, W.H.: Lehrbuch der Allgemeinen Didaktik. München 1983

Petzold, H./Heinl, H.: Psychotherapie und Arbeitswelt. Jungfermann. Paderborn 1983

Postman, N.; Weingartner, Ch.: Fragen und Lernen. Frankfurt: März-Verlag 1972

Rabenstein, R.: Lernen kann auch Spaß machen. Darmstadt: Arbeitsstelle für Erwachsenenbildung 1980

Rauh, Ch.; Zbinden, W.: Zusammenarbeit Schule-Familie, Zwischenbericht über die erste Projektphase: Nov. 1974 — April 1975. Aarau 1975 (Manuskript)

Ruddies, G.H.: Psychotraining. Lebenstechnik im Alltag. Reinbek: Rowohlt 1975 (rororo 6901)

Scherpner, M.; Fink, G.; Kowollik, W.: Teamarbeit in der Sozialarbeit. Tübingen: Katzmann 1976

Schmidt, J.: Bemerkungen zu einer Fortbildung der 2. Generation. Organisationsentwicklung 8. Jg. 1990, Nr. 1, S. 64-74, Zürich 1990

Schultze, Annedore: Von der Sitzordnung hängt mehr ab, als man denkt. In: Klasse, Okt. 1978, 31-32. Weinheim: Beltz

Schwäbisch, L.; Siems, M.: Anleitung zum sozialen Lernen für Paare, Gruppen, Erzieher. Reinbek: Rowohlt 1974

Shaftel, F.R.; Shaftel, G.: Rollenspiel als soziales Entscheidungstraining. München: E. Reinhardt 1973 (UTB 279)

Shorr, J.E.: Psychoimagination. Hamburg: ISKO-Press 1981

Sikora, J.: Handbuch der Kreativ-Methoden. Heidelberg 1976

Singer, J.L.: Phantasie und Tagtraum. München: Pfeiffer 1978

SLZ
Schweizerische Lehrerzeitung (Hg.): Schule, Schüler und Lehrer. Zürich 1981 (SLZ-Taschenbuch 6)

Stevens, J.O.: Die Kunst der Wahrnehmung. München: Chr. Kaiser 1980

Ulrich, H./Probst G.J.B.: Anleitung zum ganzheitlichen Denken und Handeln. Haupt. Bern 1988

Vester, F.: Neuland des Denkens. München: dtv 1984

Vester, F.: Unsere Welt — ein vernetztes System. Stuttgart: Klett 1978

Vopel, K.W.: Lebendiges Lernen und Lehren. Heft 5. Hamburg 1976

Vrolijk, A.: Gesprächsmodelle. Gelnhausen: Burckhardthaus/Christopherus/Laetare 1974

Watzlawick, P.; Beavin, J.H.; Jackson, D.D.: Menschliche Kommunikation. Bern 1969

Watzlawick, P.: Anleitung zum Unglücklichsein. München 1983

Werneck, T.; Ullmann, F.: Moderne Arbeitsmethodik. München 1973

Zoom
Schweizerischer Katholischer Volksverein/Evangelischer Mediendienst (Hg.): ZOOM. Illustrierte Halbmonatszeitschrift

MIX
Papier aus verantwortungsvollen Quellen
Paper from responsible sources
FSC® C105338

If you have any concerns about our products,
you can contact us on
ProductSafety@springernature.com

In case Publisher is established outside the EU,
the EU authorized representative is:
Springer Nature Customer Service Center GmbH
Europaplatz 3, 69115 Heidelberg, Germany

Printed by Libri Plureos GmbH
in Hamburg, Germany